KB077412

LAW OF THE
UNIVERSE

부와 행운을 끌어당기는
우주의 법칙

부와 행운을 끌어당기는
우주의 법칙

초판 1쇄 2020년 11월 19일

지은이 김도사, 권마담 | **펴낸이** 송영화 | **펴낸곳** 굿웰스북스 | **총괄** 임종익

등록 제 2020-000123호 | **주소** 서울시 마포구 양화로 133 서교타워 711호

전화 02) 322-7803 | **팩스** 02) 6007-1845 | **이메일** gwbooks@hanmail.net

© 김도사, 권마담, 굿웰스북스 2020, *Printed in Korea*.

ISBN 979-11-972282-0-9 03190 | 값 **18,000원**

※ 파본은 본사나 구입하신 서점에서 교환해드립니다.

※ 이 책에 실린 모든 콘텐츠는 굿웰스북스가 저작권자와의 계약에 따라 발행한 것이므로 인용하시거나 참고하
실 경우 반드시 본사의 허락을 받으셔야 합니다.

※ **굿웰스북스**는 당신의 풍요로운 미래를 지향합니다.

LAW OF THE
UNIVERSE

부와 행운을 끌어당기는
우주의 법칙

김도사 권마담 지음

굿웰스북스

권마담   Kwon Dong Hee

김도사   Kim Tae Kwang

성공과 실패는 모두 마음에서 일어난다.

긍정적인 마음은 밝은 미래를 창조하지만

어두운 마음은 절망적인 현실을 창조한다.

지금 당장 현실이 힘들더라도

자신을 믿고 꿈을 이루기 위해 노력한다면

희망은 당신의 편이다.

– 김도사의 『기적수업』 중에서

첫 번째
법칙

Kwon Dong Hee

권마담

01

가장 위험한 인생은
평범한 인생이다

가난과 술이 익숙한 아이

아버지는 내가 엄마 배 속에 있을 때부터 술을 좋아했다. 내가 태어나고 나서도 매일 일방적인 부부싸움을 했다. 유치원생 때부터 다른 집에서 자는 일이 자주 있었다. 그 당시에는 친구 집, 엄마 친구 집 등 새로운 곳에서 잔다는 것이 마냥 좋았다. 친구도 있고, 언니들도 있고 매일 놀수 있어서 좋았다. 매일 소풍 가듯이 놀러가는 기분이었다.

때로는 여인숙, 여관을 다니며 등교를 했던 기억도 있다. 친구들 눈에 띄는 것이 부끄러워서 몰래 나왔다가 몰래 들어가곤 했다. 학교 앞으로 아버지가 찾아오기도 했다. 아버지는 술이 깨고 나면 항상 우리를 찾아왔다. 언제 그랬냐는 듯이 둘도 없는 자상한 아버지가 되어주었다. 그럼 그때 다시 우리는 집으로 돌아간다. 엄마는 아무 일 없다는 듯이 다시 아버지의 식사를 근사하게 준비했다. 그리고 상다리가 부러질 정도로 저녁을 차리고 아무 일 없다는 듯이 조용하게 식사를 했다.

아버지가 술을 마시는 이유는 참 다양했다. 월급을 타서 기분이 좋아서, 안 마시면 심심해서, 나쁜 일이 있어서, 그렇게 늘 이유 있는 술자리를 가졌다. 마무리는 집에 와서 자는 우리를 깨우고 소리를 지르며, 엄마에게 윽박지르고 잠을 주무시지 않았다. 그게 문제였다. 우리 집은 늘 큰소리가 났다. 그래서 이사도 자주 다녔다.

그때마다 엄마는 일상인 듯 대처했다. 단지 술을 드시면 말다툼으로 하루 외박을 하거나 길어지면 일주일 외박하거나 그 차이일 뿐이었다. 우리에게 당당한 모습을 보여주기 위한 노력이었던 것 같다. 지금 생각해보면 엄마도 속으로 많이 울었을 것이다. 속상해서 이혼 결심을 여러 번 했을 것이다.

내가 초등학교 4학년 때까지 아버지는 어선을 타는 선원이었다. 어느날은 해외 어선을 타러 간다며 나가시고 10개월 정도 집을 비우셨다. 돌아오실 때는 해외에서 사 온 신기한 선물들과 양주들이 양손 가득했다. 우리 집에 친구들이 놀러 오면 늘 신기하다며 이것저것 구경했다. 아버지는 그렇게 2개월 정도 휴식기를 가지고 다시 해외 어선을 타러 나갔다. 그 2개월 동안은 늘 긴장의 연속이었다. 술이 주식인 것처럼 드셨기 때문이다. 지금 생각해보면 아버지도 가족을 책임져야 한다는 부담감으로 힘이 들어 외로움을 달래고 위로를 얻고자 술을 드신 것 같다.

싸움의 강도가 심해져 칼부림 나는 날도 일상이었다. 엄마는 참다못해 엄마의 오빠, 즉 외삼촌에게 도움을 청했다. 외할머니는 유일하게 한 명 있는 딸이 이런 환경 속에서 사는 걸 너무 힘들어하셨다. 외할머니를 모시고 있는 큰외삼촌이 우리를 많이 아끼고 도와줬던 기억이 난다. 결국 외삼촌이 아버지를 알코올 중독으로 판단하고 병원에 입원시켰다. 엄마는 그래도 아이들 아빠라고 절대 안 된다며 만류했다. 몇 번의 보류가 있었지만 결국 아버지는 병원에 강제 입원해야만 했다.

몇 번의 면회를 갔다. 늘 그렇듯 술을 드시지 않은 아버지는 정말 자상하고 다정다감하고 좋았다. 이제는 치료를 다 했다며 결국 엄마를 설득해서 퇴원을 했다. 외삼촌이 어선을 타니 외로워서 그럴 수도 있다며 다른 직장을 알아봐주셨다. 하지만 또 술을 드시고 말았다. 아버지는 병원에 강제로 입원했던 모든 원망을 엄마와 외삼촌에게 돌렸다. 더 이상 일을 할 수 없는 상태였다. 그때부터 우리 집은 가장이 없었다.

학비가 밀리는 건 일상이 되었다. 당장 끼니도 걱정해야만 했다. 기초 생활수급자가 되어 당장 천 원, 만 원도 없는 우리 가족 생애 최고 어려운 시기였다. 엄마는 여기저기 하루 먹을 식비와 숙박비를 빌리러 다녔다. 아이들 학교는 보내야 하지 않겠냐며, 만 원, 2만 원씩 빌려 여인숙에서 자기도 했다. 멀리 있는 엄마 친구 집에 신세를 진 날은 차비를 주며 버스나 지하철을 타고 학교에 가라고 했다. 다행히 나는 그 당시에도 무척이나 활발한 성격에 긍정적인 아이여서 딱히 그 생활이 힘들지는 않았다.

학교에 가면 다시 신나게 놀고, 주도적으로 친구들을 이끌었다. 수업을 마치고 늦게까지 놀다가 집에 들어갈 수 있어서 좋았다. 그래서 늘 공부 빼고 노는 건 1등이었다. 고무줄놀이도 늘 1등이었고, 각종 체육대회에서도 수준급 실력을 발휘해서 반 대표로 대회도 나간 적이 있다. 여자아이지만 담 넘어다니고 뛰어다니는 걸 좋아해서 늘 위험한 행동을 했다.

우리 반 아이들은 내가 그런 환경의 아이인 줄은 몰랐을 것이다. 아마 그 어린 나이에도 티 안 내려고 오히려 반대로 행동했을지도 모른다. 그게 어느새 습관이 되고, 원래 그런 거라며 스스로 위안했다. 실컷 놀고 했으니 학교에서만큼은 가장 아이답게 보냈던 것 같다. 나의 학교생활은 무척 신나고 낭만적이다. 그렇게 학교생활과 가정생활이 다른 나로 살아가면서 성공을 갈망하는 아이로 자랐다.

우는 모습을 보이기 싫었던 17세 소녀

중학교 3학년이 끝나는 즈음에 엄마는 부산을 떠나야 한다고 이야기했다. 아버지의 술친구들을 끊어야겠다며, 새로운 직장을 구했으니 대구로 가겠다고 했다. 갑작스러운 이사 통보에 나는 당황했다. 그것도 부산에서 부산으로의 이사가 아니라, 타지인 대구로 간다니 말이다. 나는 못 가겠다고 했다.

나에겐 친구들과의 학교생활이 행복의 전부였다. 학교에서만큼은 나는 가난한 집안의 아이가 아니었다. 그냥 다 똑같은 학생이었다. 그래서 나는 학교가 너무 좋았다. 친구들이 나의 유일한 행복이었다.

나는 성적이 우수했지만, 상업고등학교로 진학을 결정했다. 나보다 공부를 잘하는 친구도 집안 형편으로 상업계에 진학하는 것을 보고 그 길이 옳음을 알았다. 미리 그 친구와 고등학교 진학을 앞두고 자격증 공부도 했다. 나를 설득하지 못한 가족은 나에게 고등학교 근처의 자취방을 구해주고 대구로 떠났다. 혼자였지만 학교 근처이고 더이상 아버지를 보지 않아도 되니 더 좋았다.

대구로 가면 나아질 거라던 형편이 더 어려워진 듯했다. 자취방비가 밀리기 시작했고, 생활비가 안 오기 시작했다. 급기야 외할머니가 찾아와서 용돈을 주고 가시곤 했다. 그렇게 전전긍긍하며 살아가고 있는데 아버지의 부고 소식이 전해졌다.

"알려드립니다. 권동희 학생은 지금 교무실로 오세요."
"다시 한 번 알려드립니다."

수업 중 갑자기 하는 방송이라 전혀 예상치도 못했다. 외숙모와 통화 연결이 되었다. 아버지가 대구 집에서 돌아가셨다고 하셨다. 잦은 음주와 삶에 대한 비통함으로 굶기까지 해서 신경이 쇠약해져서 돌아가셨다는 것이다.

항상 음주하고 다툼이 있는 날은 목숨이 위험한 싸움이 있기에 늘 피신을 해야만 했다. 그러면 아버지는 술만 드시고 식사를 챙겨줄 사람이 없으면 드시질 않았다. 이번에도 피가 나는 싸움이 있었고 엄마와 남동생은 자리를 며칠 동안 비웠을 것이다. 그래서 술로 버티다 결국 술과의 전쟁에서 참패하신 것이다.

대구로 얼른 올라가서 3일장을 치렀다. 하지만 울진 않았다. 아니, 우는 모습을 보이기 싫어 울음을 참았다. 친척들한테도 자격지심으로 기한 번 펴지 못하고 주눅 들었던 기억들이 있었다. 보여주고 싶지 않았다. 그동안 아버지가 없어지면 좋겠다, 차라리 죽었으면 좋겠다고 생각했던 적이 수천 번, 수만 번이었다. 그게 현실이 되었을 뿐이다. 나도 가해자 중 한 명이다. 정말 그랬다. 나는 여러 번 기도했고, 다짐했다. 울 자격이 없었다.

"저 독한 것 좀 봐. 울지도 않네."
"차라리 잘됐어."

친척들이 수군거리는 소리가 들렸다. 고작 고등학교 2학년인 17세 소녀인 나는 가난 앞에서 힘이 없었다. 그래서 이렇게라도 힘이 있는 아이로 보이고 싶었던 것이다.

그 당시에 장례비도 없었던 우리를 외가 삼촌 3분과 친가에서 도와주셨다. 지금 생각해보니 아무것도 몰랐던 우리 가족에게 가장 큰 힘이 되어주셨던 참 고마운 분들이다. 당연히 나는 어른들이 처리해야 하는 일인 줄 알고 태연히 행동했다. 하지만 3일 내내 대구까지 와서 같이 장례를 치러주시는 게 정말 어려운 일인 것을 성인이 되어서야 알게 되었다. 외가나 친가 모두 그분들로서는 최선을 다해서 해주셨던 것이다. 어린 내가 이해하지 못했던 그 마음이 때론 부끄럽다. 가끔 아버지가 그립기도 하지만 나는 여전히 괜찮다.

아픈 과거가 지금의 나를 만들었다

내가 태어난 지구별에서 일어난 일은 다 이유가 있는 법이다. 나에게 일어난 가난과 술에 대한 사연이 어찌 보면 특별한 일이지만, 지금도 일어나는 일이고 그로 인해 힘든 사람도 있다. 지금은 유튜브채널 '권마담 TV'와 권마담 공식 카페인 '한국석세스라이프스쿨'을 통해 마인드 변화로 삶에서 더 큰 성취를 이룰 수 있는, 부와 성공의 기술을 가르치는 동기부여가가 되었다. 상담과 컨설팅 문의 등을 통해 다양한 사람의 과거 경험을 듣게 되었다. 우리 시절 우리 시대엔 있을 법한 일이다. 나에게 그런 시절은 책 소재가 될 수 있고, 그로 인해 나는 누군가를 만나서 공감하며 동조할 수 있는 가슴이 따뜻한 사람이 될 수 있었다.

나는 누구보다 공감력이 뛰어나다. 뛰어난 감수성도 가지고 있다. 그만큼 감정이입이 잘되고 위로와 격려를 해주는 일에 기쁨과 희열을 느낀다. 과거에 있었던 경험과 깨달음을 통해 많은 사람에게 영향력을 끼치고 있다. 나는 더 크게 성공하고 싶었고, 남들과 다르게 독종답게 노력해서 남들이 말하는 성공의 위치에 올랐다.

그 아픈 과거가 지금의 강한 나를 만들었다. 남을 배려할 줄 아는 포용력이 넓은 사람이 되었다. 가난이 축복이었다. 술이 축제였다. 이것은 용서할 문제가 아니라 감사할 일이다. 나의 과거에 감사하며 더 단단한 나로 지금의 역할을 할 수 있게 해준 아버지가 지금은 참 고맙다.

"고맙습니다."

지금 당장 '나'에 대한 생각과 느낌을 바꾸기 시작하라.
당신을 중심으로 주위 환경이 달라지기 시작한다.

- 김도사의 『기적수업』 중에서 -

_____

_____

_____

_____

_____

_____

_____

_____

_____

_____

_____

02

만사 제치고 독자에서 저자로 위치를 바꿔라

책을 쓰면 평범한 일상도 비범해진다

현재 나는 매일 아침 스타벅스에서 커피를 마시며 글을 쓴다. 독자에서 저자가 되어 사람들과 글과 SNS로 소통하며 내가 꿈꾸던 삶을 살고 있다. 카페는 많은 사람이 각자의 위치에서 삶을 이야기하며 살아가는 풍요로운 공간이다. 과거에 나는 사람들이 여유도 없이 삶에 치여 바쁘게 사는 줄 알았다. 하지만 예상은 완전히 빗나갔다.

카페는 아이를 학교에 보낸 이후의 엄마들로 넘쳐나고, 공부하는 학생들도 많다. 저마다 각자의 위치에서 취미로, 공부로 카페를 많이 찾는다.

커피를 마시고 있는 인증 사진을 SNS에 올리면 부럽다는 댓글이 달리곤 한다. 그들도 나처럼 카페에 수다가 아닌 글을 쓰는 엄마로서 존재하면 된다. 언제 어디서나 글을 쓰며 소통하는 사람으로 살아갈 수 있다.

아이 셋 엄마이다 보니 우연히 이웃 엄마랑 대화라도 나누게 되면 부럽다고 하면서도 이런저런 일로 매일 바쁘다고 한다. 학생들은 과제 하느라 바빠 보인다. 여유 있는 모습은 어디에서도 찾아볼 수 없다. 예전의 내 모습 같다. 직장 다니며 성공을 갈망하던 나는 없는 시간을 쪼개가며 바쁘게 살았다. 룸메이트가 늘 나를 보며 하는 말이 '숨이 차다'는 것이었다. 그래서인지 나는 요즘 만나는 사람마다 지금 당장 커피 한잔의 여유를 가져보라고 늘 조언한다.

나는 같은 시간에 같은 공간에서 글을 쓰며 세상과 소통한다. 내가 듣고 싶은 말을 듣고 싶어 기다리는 사람이 아니다. 내가 하고 싶은 말을 할 수 있는 사람이 되었다. 내가 하고 싶은 말을 글로 하고 나니 나의 인생의 주인공이 되었다. 더이상 누구의 엄마, 남이 시키는 일을 하는 사람이 아니다. 내가 하고 싶은 일을 하는 내가 되었다.

내가 하고 싶어서 하는 일이라 마음은 언제나 여유롭다. 쓸수록 더 풍요로워진다. 오로지 나를 위한 시간을 보내면서 더 성장하고 발전한다.

아직도 무한한 가능성이 있다. 이런 성장을 함으로써 행복하고 떳떳한 작가 아우라를 발산한다. 더 이상 201호 엄마가 아니라 작가 선생님이다. 아이 학교에 갈 때도 나는 누구의 어머니가 아닌 작가 선생님이다. 집에서 육아하고 있어도 주부가 아니라 작가 선생님이다.

글이 책이 되어 작가가 되었을 뿐인데 사람들의 시선이 다르고 평범한 나의 일상이 비범한 일상이 된다. SNS에 잘 먹고 잘 노는 사진을 올려도 남들이 특별하게 생각한다. 많은 사람이 나의 사진과 영상을 보고 조언을 구하거나 질문을 한다. 작가의 삶이 부럽다며 젊은 나이에 어떻게 작가가 되었냐고 궁금해한다. 강연과 방송에서도 늘 비슷한 질문을 받는다. 지금까지 많은 사람을 만나면서 나의 이야기와 경험담을 이야기해주었다. 나의 이야기를 할 때가 가장 즐겁고 재미있다. 그리고 인세와 강연료, 코칭료 수입도 있다.

당신도 그런 적이 있지 않은가? 나의 이야기를 시간 가는 줄 모를 만큼 나누어본 적이 있을 것이다. 그들과 나의 차이점은 나는 돈을 받으며 나의 이야기를 당당히 한다는것이다. 돈을 받으면서 하는데도 청중은 들을 준비를 하고 강연을 끝날 즈음에는 감탄을 한다. 나의 소중한 경험이 인생의 중요한 조언이 되고 꿈의 방향을 알려주는 결과를 내기도 한다. 보람찬 경험이다.

진정한 자기계발은 책 쓰기를 통해서 이루어진다.

"지금 책을 쓰지 않으면 지금 책을 쓴 사람들에게 지배당하게 된다."

책 쓰기 코칭계의 구루이자 9년 동안 1,000명의 작가를 배출한 김도사의 말이다. 지금 해야만 하는 이유가 분명하다. 현재 당신도 남이 쓴 책을 읽으며 당신의 인생을 지배당하고 있다. 남의 이야기를 읽고 감탄하며 열심히 살고 있을 것이다.

내가 책 쓰기를 김도사 코치에게 배울 당시에는 여유가 없는 평범함 직장인이었다. 책 쓰기는 유명하거나, 잘 나가는 사람들의 전유물인 줄 알았다. 구루는 나에게 "성공해서 책을 쓰는 것이 아니라, 책을 써야 성공한다."라는 깨달음과 가르침을 주었다. 그로 인해 나의 인생이야기가 11쇄를 돌파한 『당신은 드림워커입니까』로 탄생하게 되었다. 계속 집필 활동을 하며 총 16권의 저서가 탄생했다. 인생을 기록하는 마음으로 경험과 지혜를 전수하는 작가, 강연가, 코치로서 활동하고 있다.

연년생 맘으로 아이 3명을 차례로 출산하면서 산모 시절이 꽤 길었다. 오랫동안 나는 여자로서 누릴 수 있는 모든 혜택을 다 누렸다. 평소와 똑같이 일하고 생활을 해도 임산부인데 대단하다며 자리 양보며 대접을 받았다. 대접을 받을수록 더 받고 싶어서 더 활동하고 더 예쁘게 꾸몄다. 그 시절 태교 삼아 자녀교육서 『초등학생 새학년 준비수업』을 집필하게 되었다. 그러면서 미래를 공부하는 시간을 가졌다. 그러다 보니 육아 공부는 자연스럽게 되었다.

책 쓰기의 힘은 위대하다. 무엇보다 여자인 나를 가치 있게 해준다. 책 쓰기를 하면서 나의 스토리를 만들기 위해 과거를 찬찬히 둘러보았다. 없는 것이 아니라 몰랐던 것이었다. 차츰 더듬어 보니 인생의 한 장면씩 떠오르며 절로 웃음이 났다. 때론 울기도 했다. 가난한지 모르고 자란 나의 모습을 만나기도 했다. 나를 객관적으로 돌아보는 시간이 되니 나 자신에게 큰 위로가 되었다. 진정한 나와 마주하는 유일한 시간이었다. 그런 일기 같은 나의 스토리가 모여 책이 된 것이다. 특별한 것은 없었다. 그냥 나의 있는 모습 그대로 썼다.

그런 모습들이 누군가에게는 귀감이 되고, 희망이 되었다. 독자 메일이 수십 통씩 쏟아졌다. 자신도 그러했다고, 하나같이 비슷한 말들을 해주었다. 인생은 누구나 특별하다. 다만 자신만 모르고 있을 뿐이다. 책 쓰기로 자신의 특별함을 발견하고, 더 나아가 저서라는 결과물이 나온다면 나의 발전과 더불어 주변이 발전하고, 더 나아가 사회가 발전하는 것이다.

나의 스토리로 인해 한 명이라도 인생이 달라진다면 그것은 한 사람의 역사를 바꿔 쓰는 것이다. 그 한 사람의 변화로도 많은 일이 일어난다. 이것이 바로 보이지 않는 선한 영향력이다. 진정한 자기계발은 책 쓰기를 통해서 이루어진다.

"책 쓰기가 미뤄지는 것은 당신은 확고한 꿈과 미래가 없기 때문이다."

누구나 확고한 꿈과 미래가 있다. 단지 그것을 알아차리지 못할 뿐이다. 지금처럼 열심히 자기계발을 하는 대한민국을 본 적이 있는가? 많은 이들이 성공과 부를 갈망한다. 욜로라이프도 현재의 인생을 즐기자는 것에서 출발한다. 내 인생이 소중하니까 즐기며 살자는 뜻이다. 후회 없는 인생을 살기 위해서이다. 하지만 현실로 만드는 결과물이 없다면 결국 세상은 나에게 패배자라고 말할 것이다.

눈부신 미래는 항상 당신 가까이에 있다

그냥 열심히 사는 것이, 아무런 목표 없이 사는 것이 능사는 아니다. 그럴싸한 결과도 필요하다. 그런 결과로 당당하게 사람들의 인생에 영향력을 끼칠 수 있다. 어떤 삶이었든 당신은 자신만의 방식으로 열심히 살아왔다. 친구들에게 하는 조언, 후배들에게 하는 조언 등 수시로 우리는 관계에서 조언을 한다. 그것에 가치를 매겨 이제는 책 속에 담아라.

책으로 펴내면 그 조언은 가치를 더해서 컨설팅 자료가 된다. 강연 소재가 된다. 위치를 바꾸면 사람들은 당신의 이야기가 다르게 들리기 시작한다. 위치를 바꾸면 대접을 받게 된다. 위치를 바꾸면 버는 수입도 달라진다. 매일 당신의 깨달음을 나누고 도움을 주는 멋진 인생을 살기를 바란다.

머지않아 이것이 당신이 보지 못한 확고한 꿈과 미래라는 것을 알게 될 것이다. 그리고 그것을 이루고 있는 자신을 마주하게 될 것이다. 많은 사람이 당신의 영향력에 감탄하고 찾아올 것이다. 눈부신 미래는 항상 당신 가까이에 있었다.

저서의 힘은 생각하는 것 이상으로 위대하다. 책을 펴내면 주변의 인정을 넘어 전국 서점으로 책이 팔린다. 어떤 독자들을 만날지 모른다. 그래서 어디에서 기회가 생길지 모른다. 저서로 인해 강연, 칼럼 요청, 사업 제의 등의 기회를 만나게 된다. 운명을 바꾸는 기회는 이렇게 찾아온다. 우연을 춤추게 하라. 인생을 지배하는 삶은 이렇게 사는 삶이다. 프랑스 소설가 베르나르 베르베르는 이렇게 말했다.

"노인 한 명이 죽는 것은 하나의 도서관이 불타는 것과 같다."

우리가 살아온 지혜와 깨달음이 담긴 책을 펴낸다면 누군가는 그 이야기를 통해 시행착오를 줄이고 지혜를 교훈 삼아 운명을 바꿀 것이다. 한 사람의 인생의 경험을 알고 내 삶에 적용한다면 더 빨리 성공하고 더 크게 성장한다. 또한 시행착오를 줄이면서 시간을 벌 수 있다. 시간은 금보다 더 소중하다. 부자들이 시간을 가장 중요하게 생각하는 이유이다.

책 쓰기는 세상에 지식과 경험을 나누는 고귀한 일이며 나아가 역사를 남기는 위대한 일이다. 자녀를 위하여, 후손을 위하여, 세상을 위하여 자신만의 스토리를 멋지게 남기는 지혜로운 사람이 되자.

직장은 꿈을 이룰 수 있는 최고의 환경이다. 출근 전, 퇴근 후 2시간 동안
부단한 자기계발, 즉 책을 읽고 책을 써서 인생 2막을 위한 준비를 하라.

- 김도사의 『기적수업』 중에서 -

03

늙은 부자 대신
젊은 부자가 되어라

부를 알아야 부자가 된다

20대에는 막연하게 부자가 되고 싶었다. 누군가 수입차를 타면 집이 부자인가 보다 생각했다. 남의 이야기라고만 생각하던 시절이다. 열심히 일하고 최선을 다해서 살면 자연스럽게 부자가 된다고 생각했다. 그러다 우연히 30대 억만장자이자 작가인 엠제이 드마코 『부의 추월차선』을 접하고 나서 부에 대한 사고가 완전히 달라졌다.

'젊어서도 성공할 수 있구나.'
'나는 가난한 마인드였구나.'

부자가 더 부자가 되는 이유는 부를 누려 보았으니 부가 무엇인지 알기 때문이다. 좋은 것을 경험하면 더 욕망하게 된다. 자녀와 부모님과 세상과 이 선한 욕망을 나누고 싶어진다. 그런 사람들이 선한 영향력으로 세상을 바꾸는 법이다.

2018년 3월, 14박 15일 동남아 크루즈 여행을 가족, 지인들과 함께 다녀왔다. 나중에 할 버킷리스트 중에서 당장 할 수 있는 것을 하기로 결심했다. 부자의 사고로 바뀌니 보는 관점이 모두 달라졌다. 좋은 것을 알게 되니 사랑하는 사람들이 생각났다. 같이 준비하고 예약부터 했다. 모든 것이 자연스럽게 정리되어 무려 18명이 함께 첫 크루즈 여행을 떠나게 되었다.

꿈의 여행인 크루즈 여행을 내 나이 36세에 가족 3대가 설레는 마음으로 출발했다. 잊지 못할 럭셔리하고 풍요로운 추억을 만들었다. 40여 개국 6,000여 명의 세계인들이 같이 여행했다. 크루즈에서 수영하고, 바다를 보고, 우아한 식사를 했다. 생각보다 웅장한 크루즈에 압도당했다. 대부분 은퇴를 하거나 시간적 여유가 생겨 노후를 보내러 추억을 만들러 온 사람들이 많았다. 노부부들이 함께 맥주 마시고, 수영하고, 관광하는 모습이 참 따뜻하고 멋지게 느껴졌다. 나도 저렇게 여유롭고 풍요롭게 늙고 싶다는 생각이 들었다.

임산부인 내가 최연소인 7개월 아이를 데리고 36세 젊은 나이에 크루즈 여행을 하니, 우리 아이들의 인생이 눈부시리라 기대되었다. 나 또한 다시 인생 2막을 준비하는 기분이 들었다. 이 풍요로움과 부유한 삶이 나와 가족의 일상이 되게 하리라 다짐했다.

다녀온 후로 많은 사람이 가족 크루즈 여행을 떠나게 된 비결 및 후기 등을 물어왔다. 주변에 다녀온 사람들이 거의 없기에 신기해하며 부러워했다. 그럴 만도 하다. 한국에서는 현재 2% 미만의 인구만 크루즈 여행을 경험했다고 하니 아직도 크루즈 여행은 여행의 꽃이자 버킷리스트로만 남아 있다.

스마트폰 시대인 만큼 많은 검색을 통해서 나는 1인 100만 원의 여행경비로 다녀왔다. 생각보다 저렴해서 너무 놀랐다. 관련 정보를 공유하기 시작했다. 그것이 나의 12번째 책의 소재가 되고 유튜브 〈권마담TV〉의 영상들이 되어 『나는 100만 원으로 크루즈 여행 간다』를 출간하게 되었다. 현재도 많은 사람이 버킷리스트를 이루기 위해 나를 찾는다. 크루즈 여행 경험이 누군가의 꿈을 이루어주는 일이 되어 너무 기쁘다.

누군가 했다면 나도 할 수 있다는 용기가 생긴다. 목표가 되어 행동력을 높여준다. 경험자의 조언을 받으면 '할 수 없는 일'이 '할 수 있는 일'이 된다. 꿈은 그렇게 이루어지는 것이다. 젊은 나이에 가족과 함께 평생의 꿈을 이루었다. 이제는 1년에 4번씩 크루즈 여행을 떠나는 사람이 되었다. 젊은 부자가 되기로 마음을 먹고 가장 크게 변한 일이다.

먼저 읽고 먼저 준비하면 먼저 성공한다

요즘은 무자본, 소자본으로 창업이 가능한 시대이다. 그래서인지 많은 사람이 블로그나 유튜브로 창업하여 대박을 내는 경우가 허다하다. 진입 장벽이 낮기 때문이다. 직장은 나의 미래를 책임지지 않는다. 요즘 친구들은 스마트폰 시대에 태어나서 부모님 세대보다 정보력이 빠르다. 많은 선택권 속에서 살아가며 복잡한 세상에 산다는 것을 의미한다. 그 복잡한 세상에서 성공하기 위해 미래에 발맞추어간다.

SNS 시대, 로봇이 인간을 대신하는 시대에 맞추어 직장보다는 개발자나 창업가가 되길 원한다. 처음부터 미래를 위한 내 사업을 하겠다는 친구들이 많아졌다. 직장을 다니면서 20대부터 인생 2막을 준비한다. 그만큼 진입장벽이 낮은 유튜버가 그 시작이 된다. 흙수저에서 무자본으로 자수성가한 유튜버인 '라이브해커 자청'이 있다. 현재는 연봉 10억씩 버는, 젊은 창업가들의 롤 모델로서 컨설팅 사업도 하고 있다. 40~50대들도 시대에 발맞추기 위해 찾아가기도 한다. 그만큼 나이 불문하고 누구나 부의 성공을 꿈꾼다. 시대의 흐름을 먼저 읽고 준비하면 성공한다. 이것은 부의 공식이다. 콩 심은 데 콩 난다. 부자가 되겠다는 콩을 심으면 효과적인 재배를 위해 조언을 찾는다. 책을 읽거나 영상을 보거나 멘토를 찾는다. 제대로 된 방향을 잡게 되면 빠르고 크게 자라난다.

요즘 무자본으로 성공한 젊은 부자들을 유튜브를 통해 많이 알게 되었다. 이제는 평범한 사람들도 영상으로 자신의 이야기를 하는 시대이다. 자연스럽게 30대 부자들을 심심치 않게 만날 수 있다. 그만큼 젊은 친구들이 부를 자랑하며 롤 모델이 되는 세상이다.

내가 30대에 부의 성공을 이루어 보니 주변의 부자들만 보인다. 부자들의 사고방식, 비법은 하나로 통일된다. 무엇보다 빠른 행동력이다. 많은 생각보다는 빠른 행동을 한다. 빨리 실패해서 원인을 찾는다. 젊은 나이일수록 유리하다. 열정과 패기로 다시 일어나면 된다. 성장의 나이테가 생긴다. 나이가 들수록 도전정신과 용기를 내기가 힘들어진다. 짊어져야 할 책임감과 짐들이 많아지기 때문이다.

지금이 가장 젊을 때이다. 늦었다고 생각했을 때가 가장 빠르다. 늦었다고 했을 때 시작을 하면 1등이 아니라도 실패한 인생은 아니다. 2등이 된다고 해도 1등 다음 2등이 아닌가. 여전히 상위 성공자, 상위 부자가 된다. 그러니 핑계 대지 말고 지금 이 순간 당장 시작하라.

부의 비밀을 아는 특별한 젊은 부자가 되어라

당신이 아직 성공하지 못했거나 부자가 아니라면 당신의 생각을 쓰레기라 여겨라. 나보다 성공한 사람, 그것도 최고의 위치에 있는 사람에게 부의 공식을 배워라. 그리고 무조건 시키는 대로 해라. 당신은 최고 위치의 사람이 이루어놓은 기간보다 더 빨리 이룰 수 있는 시간을 번다. 귀한 경험과 지혜를 얻는다면 그만큼 시간을 버는 것이다.

귀한 경험과 지혜를 얻었다고 할지라도 '나는 왜 안 되는 걸까?' '역시 성공은 아무나 하는 게 아니야.' '너무 바쁘네.' 이런 수준의 생각들이 들기 시작하면 부의 공식이 깨지게 마련이다. 처음에는 조금씩 금이 가서 잘 모른다. 하지만 그러한 생각이 반복되면 당신만의 공식에 갇히게 된다. 그럼 당신은 영원히 부의 성공을 이룰 수 없다. 그만큼 생각이 조금씩 스며들다 보면 무서운 일이 벌어진다.

"평생 부자도 되어보지 못하고 죽는다면 너무 속상하지 않은가!"

당신의 생각이 조금도 스며들지 못하게 목표를 크게 잡고 눈에 잘 띄는 벽에 붙여두어라. 그리고 그 목표에서 한눈팔지 마라. 성공자들은 하나같이 잊지 않는 목표가 있었다. 그리고 목표에서 방향을 잃을 때면 자신의 낮은 의식수준의 생각을 꺼내거나, 한계 내에서 쥐어짜기보다는 권위자에게 찾아가 최고의 조언을 받았다. 부의 공식을 전수하면 생각이 바뀌고 목표가 명확해진다. 이런 경험이 반복되면서 부의 습관, 부의 사고를 하게 된다.

의식 수준이 높은 부에 관한 수십 개의 영상은 유튜브 '권마담TV'에서 더 자세히 볼 수 있다. 영상을 본 많은 사람은 부자 공부, 돈 공부, 마음 공부를 하며 인생 공부를 다시 하고 있다. 한 달에 한 번씩 모이는 '한국 석세스라이프스쿨' '깨달음독서학교'에도 참석하여 머니시크릿과 마인드세팅을 배운다.

지금이 가장 젊은 순간이다. 부자가 되겠다고 결심하고 부의 비밀을 아는 특별한 젊은 부자가 되어라. 여러분도 누군가의 롤 모델이 될 수 있다. 목표에서 한눈팔지 않는다면 반드시 최고보다 더 성공하고 더 큰 부를 이룰 것이다. 거인의 어깨에 올라서 최고보다 더 빠르게 말이다. 부자들은 무엇을 상상하든 그 이상의 노력으로 만들어진 사람들임을 잊지 말자.

인생은 시간이다. 시간이 전부다.
무조건 빨리 가야 한다.

— 김도사의 『기적수업』 중에서 —

04

같은 방향을 바라보는
꿈 부부가 되어라

배우자는 가장 믿음직한 꿈 친구다

세상에는 많은 부부가 있다. 하지만 꿈을 공유하는 부부는 많지 않다. 그래서인지 우리는 많은 질문을 받는다.

"어떻게 하면 같은 일을 할 수 있나요?"

"정말 부럽습니다. 행복하시죠?"

"저도 꿈 부부로 살고 싶어요. 그럴 수 있겠죠?"

주변에서 같은 일을 하고 매일 24시간 붙어 있으면 많이 싸우지 않느냐고 물어본다. 심지어 엄마도 걱정스러운 말투로 물어본 적이 있다. 누구나 행복한 부부 생활을 원한다. 당신도 분명 사랑해서 결혼했다.

어느새 환경에 의해 변화된 것이다. 고로 답은 단순하다. 초심으로 돌아가서 배우자를 대하면 된다. 그리고 믿어주면 된다. 그러한 믿음이 있어야 서로의 행동이 바뀌게 된다.

"오늘은 스타벅스에 갈까, 탐앤탐스에 갈까?"
"어떤 사업을 더 해볼까?"

우리는 이렇게 사소한 것부터 큰일까지 함께한다. 우리는 각자의 꿈이 있다. 하지만 방향은 같다. 같이 회사를 운영하면서 우리는 다양한 시련을 겪었다. 처음 사업을 한다는 것이 결코 쉽지 않은 길임은 분명하다. 둘이서 함께 책임지며 나아가다 보면 각자의 역할이 생긴다. 서로의 가장 든든한 직원이 되어주었다.

서로 잘할 수 있는 부분, 서로 해야 하는 부분이 명확해지면 그때부터 부부는 가장 든든한 사업 동반자가 된다. 좋은 일도 같이 나누지만, 힘든 일도 같이 나눈다. 그러면서 군대에서 전우애가 생기듯 부부 사이도 전우애로 단단하게 다져진다.

때론 크게 힘들기도 하고 크게 부딪히기도 한다. 하지만 경제적 자유인이 되고 싶다는 목표가 일치한다. 부부가 서로 목표를 절대 잊지 않으면 된다. 목표를 잃다 보면 초심을 잃게 되고 서로가 아닌 자신만을 생각하게 되면서 방향이 틀어지는 것이다.

우리는 각자의 방식으로 의견을 내고 또한 많은 책을 읽으며 성장을 도모한다. 서로 꿈을 응원해가며 가장 친한 꿈 친구가 되어준다. 확고한 같은 목표가 있다는 것만으로도 이미 성공이 보장된다.

남편은 예리하면서 추진력이 강한 사업가 마인드이다. 나는 긍정적이면서 디테일을 챙기는 사람이다. 그래서 사업을 시작할 때 '일단 된다'는 마인드로 밀어붙이는 남편의 실행력을 바탕으로 나는 그 이후의 일들을 감당하며 나아간다. 늘 남편에게 배울 점을 찾는다. 내가 없는 부분을 가지고 있으니 존경받아 마땅하다.

생각보다는 실행이 앞서다 보면 간혹 실패라고 여기는 시련이 찾아오기도 한다. 하지만 더 나아지기 위한 과정이라고 생각하면 된다. 과정이 없는 결과는 없기 때문이다. 오히려 시련이 지나면 더 능숙해지고, 결국 결과를 만들어낸다. 더없이 행복하고 부유한 '각자'의 하루가 아닌 '우리'의 하루가 계속 이어진다.

꿈 부부가 되면 더 빨리 성공하게 된다

결과를 만드는 과정에서는 절대 투정 부리지 마라. 과정은 누구나 힘들기 마련이다. 오히려 같은 일을 하는 우리기에 더 잘 이해해주고 더 배려해야 한다. 직장을 다니는 맞벌이 부부는 서로 다른 일을 하고 있다. 서로 이해할 수 있는 부분이 없다. 서로의 일을 공유할 시간이 없어서 이해는커녕 "당신만 힘드냐?"며 언성을 높이게 된다. 그래서 나는 오히려 같은 일을 하는 사업가의 길을 가기를 원한다. 혼자보다 둘이서 하면 시너지가 난다. 서로 다른 방향을 보는 게 아니라, 같은 방향을 보며 꿈을 키우는 꿈 부부가 되면 더 빨리 성공하게 된다.

우리는 경험한 만큼 상대방을 가장 잘 이해해줄 수 있다. 공감력이 뛰어나게 된다. 각자 다른 인생을 살다가 같은 인생을 살기 위해 만났다. 배우자를 고를 때 반드시 미래의 목표가 같은지 확인하라. 삶의 가장 중요한 부분 중 하나가 배우자 선택이다. 세계 백만장자의 성공 요인 중 가장 중요한 부분은 배우자의 내조라고 한다. 배우자의 이해와 공감이 그만큼 성공 기준에 큰 역할을 한다.

서로 공감을 하지 못하면 미워질 때가 있다. 미움들이 쌓이다 보면 넘지 못할 벽을 만들게 된다. 살아온 날보다 더 많은 시간을 함께 보내야 하는 사람이 바로 배우자이다. 그 시간을 행복하게 보내고 싶다면 가장 먼저 배우자 선택 기준이 명확해야 한다. 가장 중요한 것은 가치관이다. 한 가정을 꾸리는 데는 가족에 대한 책임감도 따른다. 둘만의 문제가 아니기 때문이다. 그만큼 신중하고 또 신중할 필요가 있다.

나는 20대에 배우자 기도를 통해 지금의 남편을 만났다. 남들이 말하는 배우자 기준이 아닌 나만의 배우자 기준을 정했다. 오히려 다른 남자들을 만나면서 그 기준이 명확해졌다. 기준을 좁혀가며 가장 중요한 우선순위를 정했다. 인생에도 우선순위가 중요하듯이 배우자를 선택할 때의 많은 조건 중에서 우선순위가 중요하다. 그 순위가 당신이 생각하는 배우자의 가치관과 중요도를 말해준다.

1순위로 가장 중요한 인생의 가치가 맞아야 한다. 인생의 행복 순위와 일치하기 때문이다. 아직도 기준 없이 배우자를 만나는 사람이 생각보다 많다. 기준이 없다는 것은 미래도 없다는 것과 같다. 나의 미래를 설계해 두고 그 설계도에 맞는 가치관의 사람이 중요하다. 가치관만 맞는다면 목표는 서로 노력해서 달성하면 된다. 노력하고 변화할 수 있는 원동력은 같은 목표여야만 가능하다.

같은 목표를 향해 노력하면 실패해도 좋다. 실패에서 굳건하고 단단해진다. 우리는 가치관이 맞고 함께 갈 목표가 있기 때문이다. 그만큼 인생의 목표는 너무 중요하다. 혼자 세우던 목표를 둘이 함께 이뤄간다면 함께 성장한다. 성장만큼 행복한 일은 없다. 절대 멈추지 말자. 멈춘다는 것은 뒤로 후퇴한다는 것과 같은 말이기 때문이다.

스스로 아끼고 성장시키는 배우자를 찾아라

미혼이라면 당신도 지금 당장 배우자 기도를 통해 우선순위를 정하라. 그리고 함께 갈 배우자를 찾으면 반드시 행복한 부부 생활이 가능하다. 나는 카페에서 같이 책을 읽을 수 있는 남자를 원했다. 책을 읽는다는 것은 자기계발을 한다는 뜻이다. 그런 남자라면 인생의 소중함을 안다는 것이다. 무엇보다 자신의 성장을 위해 노력할 것이다. 다른 이의 성장도 얼마나 중요한지 알아줄 것이다. 그럴 때 비로소 서로 이해하고 배려할 수 있다.

자신을 아끼고 성장시킬 수 있는 남자라면 현재의 스펙보다 미래의 스펙이 기대가 된다. 나 또한 같은 길을 갈 것이다. 아는 만큼 보인다. 우리 부부가 같은 책을 2권 사서 스타벅스 다른 테이블에 앉아 각자 읽는 이유이다. 서로 성장하는 시간을 같은 공간 다른 테이블에서 보내는 것만으로 데이트는 충분하다. 같은 책도 각자의 사고와 환경에 따라 다른 책이 된다. 그렇게 서로 존중하는 것이 우리에게는 일상이다.

책을 다 읽고 집으로 돌아가는 길에는 책 이야기도 하고 아이디어를 내기도 한다. 서로 충분히 공감할 만한 이야기라 나누는 것이 즐겁다. 이 것은 분명 내가 생각했던 이상적인 부부 생활이다. 생각하는 대로 되는 법칙은 언제나 정확하다. 지금이라도 당신이 바라는 미래의 꿈을 적고, 붙이고, 말하라. 내가 원하는 것을 선포하고 말할 때 기회가 움직이고 그 기회를 잡는 사람이 될 것이다.

우리 부부는 행복한 경제적 자유인을 꿈꾼다. 행복함 속에서 3명의 자녀가 부유해지고 행복을 배우길 바란다. 아이는 부모의 거울이다. 부부가 서로 사랑한다면 아이들도 사랑하는 아이들로 자랄 것이다. 더 나아가 세상이 아름다워질 것이다. 그 것은 둘이 부부가 되면서 시작된다. 오늘도 행복을 꿈꾸며 서로 존중하는 부부로 하루를 보내며 커피 한잔하자.

책을 써서 작가, 코치, 강연가가 되면
더욱 좋은 배우자를 만날 수 있다.

– 김도사의 『기적수업』 중에서 –

05

왜 대학을 마치고도
계속 공부에 매달리는 걸까?

회사는 당신을 책임지지 않는다

나는 1인 창업 전까지는 회사에서 나오는 월급을 받기 위해 일만했다. 물론 만나는 사람들도 직장인이 대부분이었다. 출근하기 전 새벽에 영어학원을 가도 결국 회사에서 더 나은 사람이 되기 위한 사람들뿐이었다. 가끔 꿈에 대해서 이야기를 나누고 힐링을 하지만 크게 나아지는 인생이 아니다. 결국 10~20만 원 더 벌기 위해 열심히 사는 것이었다.

얼마 전 20대 후반의 동생이 나를 찾아왔다. 자신이 원하는 부서로 이동하게 되었고, 30만 원의 급여 인상이 있었다는 것이다. 나는 축하해주었다. 하지만 동생의 얼굴은 어두웠다.

결국 급여가 오른 만큼 더 많이 일을 하게 되었다는 것이었다. 지금 자신이 하는 일이 적성에 맞는지 의문이 들기 시작한단다. 일이 많아지니 심적으로 부담이 되고 더이상 하는 일이 즐겁지가 않았던 것이다. 동생은 결국 회사를 이직할 준비를 한다고 했다.

나는 그녀와 대화를 하면서 힘이 빠졌다. 3년 전 그녀는 정말 당차고 에너지가 넘쳤다. 앞으로 몇 년 후에는 1인 창업을 해서 하고 싶은 일을 하며 당당히 돈을 벌겠다고 했던 동생이다.

회사는 당신을 책임지지 않는다. 대기업 직원, 공무원이 되었다고 해서 성공했다고 착각하면 안 된다. 내 회사가 아닌 이상은 회사에서 원하는 대로 부서 이동이라든지 퇴직 권유를 당하게 된다.

우리는 회사에 취직하기 위해 의무교육을 마친 후 대학을 졸업한다. 자격증을 따고 외국을 다녀온다. 그렇게 수십 년을 보내고도 취직 이후에는 더 나은 연봉을 위해 승진 공부를 한다. 20~30년 회사를 위한 공부만 하다가 퇴직하면 무엇을 해야 할지 모르는 시기가 온다. 나를 위한 공부가 아닌 회사를 위한 공부만 했기 때문에 방황하는 삶을 살게 된다.

젊다면 모든 걸 버리고 도전이라도 할 수 있는 용기가 있다. 하지만 이미 40대 혹은 50대가 된다면 책임져야 할 것들이 많다. 무거운 짐에 짓눌리게 된다. 용기도 잃고 무기력해진다.

나는 다시 태어난다면 어릴 적부터 마음 공부, 돈 공부, 부자 공부, 금융 교육을 받겠다고 늘 생각했다. 아무도 어린 나에게 성공에 가장 필요한 진짜 공부에 대해 이야기해준 적이 없다. 학교에서 열심히 공부해서 좋은 곳에 취직하면 그게 성공이라고 했다.

그나마 다행인 것은 어릴 적부터 가난한 우리 집 배경이다. 그 덕분에 나는 끼니만 겨우 때우는 삶이 너무 싫어서 반드시 돈을 벌어 성공하겠다는 목표의식이 뚜렷했다.

나는 취업을 위해 상업고등학교에 진학했다. 졸업 후에는 바로 취업을 했다. 돈을 벌 수 있어서 너무 좋았다. 우리 가정을 돌봐주시는 외할머니에게 맛있는 회를 사 드릴 수 있다는 행복으로 직장 생활을 했다.

물론 끼니 때우기에서 벗어날 수 있어서 너무 행복했다. 하지만 그게 전부였다. 5년이 지나서 적금 만기가 되면서 많은 생각이 들었다. '이 돈으로 무엇을 할까?'라는 생각을 시작으로 나 자신을 돌아보게 되었다.

조금 더 나은 사람이 아닌, 특별한 사람이 되고 싶었다

내가 원하는 것이 무엇인지, 무엇을 하면서 살고 싶은지 처음으로 나의 마음과 대화를 나눴다. 돌연 직장을 그만두고 외국으로 떠나 나를 위한 삶을 살기로 결정했다. 나의 인생 2막이 시작되는 순간이었다. 떠나기 전까지는 주변의 만류도 있었지만, 한국을 떠나는 비행기를 타는 순간부터 나는 진정 자유로운 영혼이 되었다. 마냥 행복했다.

오로지 나만을 위한 시간이었기 때문이다. 나의 성공을 위한 공부는 20대 후반이 되어서 시작되었고 10여 년의 자기계발을 통해서 의식 성장을 했다. 의식 성장을 위한 공부를 하니 남을 의식하지 않게 되었다. 내가 하고 싶은 것만 하고 내가 만나고 싶은 사람만 만났다.

어느 순간 사람을 만날 때 가장 많은 에너지가 소비된다는 것을 알았다. 만남을 자제하고 더욱더 성공을 위한 공부에 힘썼다. 그렇게 열심히 산다고 생각했지만 무언가 부족한지 그래도 조금 더 나은 사람일 뿐이었다. 그때마다 마음이 무너졌고 많이 울었다. 신세 한탄을 하면서 울기도 하고 답답한 마음에 울분을 토하기도 했다.

"그만 성공에 집착해."

"너도 이제 결혼해야지."

내 나이에 어울리는 이러한 조언이 들리기 시작했다. 결과가 없으니 방황하기는 마찬가지였다. 무조건 열심히 산다고 정답은 아니라는 허무한 생각이 들었다. 희망이 사라져갔다. 내 기준이 없으니 계속 방황하기 시작했다.

아무리 좋은 책을 읽어도, 열심히 시키는 대로 해도 나는 조금 더 나아질 뿐이었다. 부자 공부에 더해 마음공부까지 하기로 결심했다. 많은 책을 읽으며 마음공부를 통해 시련을 극복하고 이겨낼 수 있었다.

나는 현재에서 조금 더 나은 사람이 아닌, 특별한 사람이 되고 싶었다. 그럴 때 나는 책 쓰기를 만났고 1인 창업을 해야겠다고 마음먹었다. 나와 같은 고민을 하는 사람들과 대화를 하며 고민을 하다 보면 답이 나오겠다는 생각이 들었다. 하지만 그런 모임에 가도 특별한 답이 없었다. 그들과 나는 별다를 바가 없는 의식 수준이었기 때문이다.

나와 다른 의식을 가진 사람들의 도움이 필요했다. 그때부터 성공자, 만나고 싶은 사람들에게 이메일을 보냈다. 사연을 담은 이메일을 보내면서 깨달음이 왔다. 나도 언젠가는 이렇게 성공해서 누군가가 나를 찾는 위치로 가야겠다. 누구보다 절박했고 절실했으니 나를 찾는 사람의 마음을 크게 공감해주고 해결책도 주고 싶었다. 그때부터 꿈이 명확해졌다.

'세상에 꿈과 희망이 되는 선한 영향력을 끼치는 사람이 되고 싶다.'

그런 위치의 사람이 되려면 그에 맞는 공부와 마음가짐이 필요했다. 남들과 다른 위치는 어떤 것들이 있을까 고민하다가 이미 스펙 제로이니 스토리로 승부하기로 했다. 스펙 쌓기는 내가 원하는 방식이 아니었다. 그럼 나의 영향력은 스펙으로 이야기가 될 테니까. 그래서 나는 가난한 사람도 부자가 될 수 있고, 스펙이 없어도 성공할 수 있다는 롤 모델이 되기로 했다.

나의 스토리를 알리려면 어떻게 해야 할까? 나는 자수성가한 부자들을 공부하기 시작했고 롤 모델을 찾아 만남을 가졌다. 역시 위치가 다른 사람의 조언은 남달랐다. 나의 어깨에 날개를 달아주었다. 나는 위치를 바꾸는 일에 집중했다. 독자에서 작가가 되기로 결심했다. 청중에서 강연가가 되기로 결심했다.

강연은 나의 스토리를 알리기 가장 좋은 수단이었다. 두 번째는 유튜브로 나의 스토리를 알렸다. 지금 나는 '권마담TV'를 운영하는 유튜브 크리에이터가 되었다. 또한 권마담 공식카페인 '한국석세스라이프스쿨'에서 함께 부와 성공의 기술을 나누고 있다. 위치를 바꾼 덕분에 많은 사람이 조언을 얻고자 이메일, 전화로 코칭 문의를 한다.

세상에서 가르쳐주지 않는 답은 결국 내 안에 있다

지금은 직장에 다닐 때는 상상도 하지 못했던 고수익을 내고 있다. 펜트하우스에서 꿈 친구인 남편과 세 자녀들과 함께 내가 상상했던 그대로의 삶을 풍요롭게 살고 있다. 이 풍요로움을 독자와 회원들과 나누는 것에 집중한다. 마음 공부를 통한 끌어당김의 법칙으로 '내 기분이 좋은 것만큼 더 소중한 것은 없다'는 사실에 집중하며 성공을 위한 공부비법들을 나눈다.

내가 소비자가 아닌 생산자가 됨으로써 나의 인생이 180도 바뀌었다. 우리 모두 학교에서 가르쳐주지 않는 공부를 해야 한다. 성공을 위한 공부 없이는 결국 조금 더 나은 사람으로 만들 뿐이다. 조금 더 나은 사람은 아무런 존재감이 없다. 그냥 비슷한 종류의 사람이 된다.

당신도 나처럼 의식 수준을 높은 위치로 바꾸겠다고 결심하라. 그리고 목표에 맞는 방법을 찾기 바란다. 나는 언제나 'HOW(어떻게)'라는 질문을 했고 그 질문의 답을 성공자에게서 찾으려 노력했다. 그 결과, 남들이 부러워할 만한 경제적인 자유를 얻었다.

누구나 성공하고 싶고, 인정받고 싶다. 성공의 기준에 도달하려면 스펙이 중요시되는 세상이다. 스펙은 세상이 만들어놓은 기준이다. 그 기준을 통과하고 더 높이 올라가야만 인정받는다.

스펙이 높아야 내가 높은 것 같다. 그래서 끝도 없이 올라가려 한다. 좋은 대학을 나와도 좋은 기업에 가야 하고, 좋은 기업을 가도 승진을 위해 또 노력해야 한다. 할 일은 오직 스펙을 쌓는 공부뿐이다.

많은 사람들이 나를 찾는다. 더 늦지 않기 위해 스펙이 아닌 스토리로 나를 알리기를 원하기 때문이다. 그러려면 스펙을 쌓는 공부가 아니라 성공을 위한 공부를 해야 한다. 마음 공부, 돈 공부, 부자 공부 등 학교에서 가르쳐주지 않는 공부를 하길 바란다.

세상에는 좋은 책, 좋은 영상, 좋은 멘토들이 넘친다. 자신의 의식 수준보다 높은 성공자들에게 배우고 부딪히고 깨달아라. 그들의 경험과 지혜를 돈으로 살 수 있는 가장 빠른 지름길이 있다.

이론으로 성공을 위한 공부를 했다면 시행착오를 덜 겪기 위해 경험자들의 조언을 경험 삼아 배우면 된다. 누군가 했다면 나도 할 수 있다는 믿음으로 나아가라. 더이상 스펙만 쌓는 비생산적인 일이 아닌, 생산자가 되어 당신도 나처럼 지혜와 경험을 나누며 돈을 벌기 바란다. 세상에서 가르쳐주지 않는 답은 결국 내 안에 있다.

이 책을 읽으면 반드시 답을 당신 자신의 안에서 찾을 수 있을 것이다. 세상이 알려주지 않는 공부를 시작하길 바란다. 가장 멀리, 가장 나답게 떠나는 인생 여행이 될 것이다. 그 길에 내가 함께할 것이다.

정말 좋은 대학을 나와 좋은 회사에 취직하는 것이
성공하는 인생일까? 성공하는 인생이라고 착각하는 건 아닐까?

- 김도사의 『기적수업』 중에서 -

성공에는 분명히 비결이 있다.

그것은 성공할 때까지 포기하지 않는 것이다.

– 김도사의 『기적수업』 중에서

06

명확한 꿈이 없는
친구들과 결별하라

친구 만날 시간에 혼자만의 시간을 확보하라

부자들은 인간관계가 깔끔하다. 만나고 싶은 사람만 만난다. 사람을 만날 때 가장 많은 에너지가 소비되기 때문이다. 하루를 시작하면서 누구나 똑같은 시간이 주어진다. 그 시간을 어떤 사람들과 보내느냐에 따라 부자가 될 수 있고, 그저 그런 인생을 살 수도 있다.

대부분의 사람이 착한 사람 콤플렉스가 있다. 싫은 소리 듣기 싫어서 거절을 잘 못한다. 돈 빌려달라는 부탁, 술 한잔 하자는 요청, 놀러가자는 소리 등을 거절하지 못한다. 쓸데없는 모임에 경조사까지 다 챙기며 지인의 안부를 묻고 다 챙긴다. 나도 직장생활을 할 때는 그런 류의 사람이었다. 그런 나의 모습을 보고 사람들은 착하다, 겸손하다며 칭찬을 해주곤 했다. 나는 누구나 어울리고 싶은 사람이 되었다.

나를 찾는 사람들이 더 많아지고 매일 특별히 하는 일 없이 바빴다. 이런 나의 모습이 인기가 많은 사람 같았고 당당하고 자랑스러웠다. 사람들이 나를 다 좋아해주니 좋았고, 나를 찾아주는 것이 행복했다. 지금 생각해보니 부질없는 시간이었다. 당시의 친구들과 지인들 중 현재까지 연락하는 사람은 거의 없기 때문이다.

당시에는 시간의 소중함을 몰랐다. 시간이 무한한 것처럼 행동하고 사고했다. 시간은 누구에게나 똑같이 주어지는데 부자들은 24시간을 48시간처럼 사용한다. 그때는 "부자가 가장 중요하게 생각하는 것이 시간이다."라는 말에도 헛웃음을 쳤다. "돈이지 무슨 시간이야!" 하며. 이해가 도통 안 되었다.

지금 경제적 자유인이 되어보니 지나간 시간들이 너무 아깝게 느껴진다. 어리석었던 나의 모습이 부끄럽기도 하다. 지금은 만나는 사람마다 시간의 중요성을 강조한다. 부자가 되는 방법은 24시간을 어떻게 사용하느냐에 따라 결정된다. 분산되지 않고 집중력 있게 사용하는 방법, 남의 시간을 사는 방법 등 시간 관리에 대한 이야기를 우선으로 한다. 이러한 조언을 듣기 위해 하루에도 여러 문의가 온다. 다음은 그중 30대 중반 여성의 이메일의 내용이다.

"권마담님, 저는 2명의 자녀를 둔 워킹맘입니다. 매일 일에 육아에 정신없이 하루를 보내다 보니 삶이 무기력해졌습니다. 친구들을 만나도 하나같이 똑같은 삶의 모습에 희망이 없습니다. 때론 이런 제 모습에 눈물이 나기도 합니다. 우연히 권마담님의 유튜브를 보고 희망을 얻고 이메일을 보내드립니다."

대부분이 비슷한 일상이다. 수십 개의 댓글을 보면 안 바쁜 사람이 없다. 다 각자의 입장에서 바쁘고 시간이 없다고 한다. 세상 모든 사람은 바쁘다. 과연 시간이 없는 것일까?

나는 그녀에게 일의 우선순위를 정하고 하루에 최소 10~30분은 커피 명상을 하라고 전했다. 친구 만날 시간에 혼자만의 시간을 확보하라고 했다. 우울해질 수도 있으니 커피숍에 가서 커피를 마시며 우아한 모습으로 자신이 좋아하는 것, 하고 싶은 것을 생각하라고 했다.

그런 시간이 모여서 자신을 돌아볼 수 있는 시간을 얻게 된다. 그 시간만이 온전히 당신에게 마음의 여유를 가져다 줄 것이다. 그만큼 혼자만의 시간이 중요하다. 혼자 있어야 타인의 말과 생각에서 자유로워진다. 내가 원하는 것에 집중하게 된다. 처음엔 어색할지라도 그 시간이 쌓여서 내면이 충만해진다. 비로소 삶의 여유와 활력을 만날 수 있다. 시간이 없는 것이 아니라, 삶의 우선순위가 없었던 것이다. 그녀에게 며칠 뒤 '바쁜 삶 속에서도 삶의 여유와 풍요를 만날 수 있었다. 삶의 우선순위를 정하며 친구를 만나기보단 나 자신을 만나며 삶의 활력을 찾았다. 곧 커리어에도 좋은 소식이 있을 예정이다.'라는 소식이 전해져왔다.

꿈이 없는 친구와는 결별하라

"당신은 당신 주변 사람 5명의 평균이다."

이 말은 가히 나에게 충격적이었다. 열심히 부지런히 살던 나를 객관적으로 나타내주는 지표였다. 나는 그저 그런 친구들의 평균이었다. 누구보다 돈을 많이 벌고 싶었고 성공하고 싶었다. 그러나 나의 지표는 반대를 향하고 있었다. 꿈을 응원해주지 않는 친구들에게 나의 꿈을 이야기하며 설득했다. 나의 꿈에 비웃음을 짓는 친구들이 납득할 수 있도록 반복적으로 설명했다.

어찌 보면 그들은 나와 가는 길이 시작부터 다른데도 불구하고 나는 인정을 받고 싶었다. 술만 먹으면 성공, 꿈이라는 단어를 외치며 반드시 성공하겠다고 소리치고 또 소리쳤다. 하지만 그들은 그냥 술주정하는 이 야기로 듣고 넘겼다. 속상했고 답답했다. 그런데도 나는 나의 주변 평균 5명을 높일 생각을 못했다. 설득, 납득은 아닌 것에 대한 이해를 시키는 것이다. 그것부터가 잘못된 출발이었다.

꿈이 없는 친구와는 결별하라고 말하고 싶다. 출발점이 다르면 끝도 다를 확률이 높다. 나는 이것을 아는 데 10년이 걸렸다. 10년이란 세월은 강산이 변하는 소중한 시간이다. 10년 동안 나를 위해서 살고 나를 위한 마음공부를 했다면 나는 지금 분명 더 큰 거인이 되어 있을 것이다. 그래서 감히 말하고 싶다. 꿈이 없는 친구를 버려라. 그들이 당신의 인생을 책임져주지 않는다. 오히려 당신의 에너지와 시간을 빼앗아갈 것이다.

당신의 인생을 살기에도 부족한 시간이다. 벌써 인생의 1/3이 지나갔다. 다시 태어난다면 나의 내면에 집중해서 남의 이야기에 귀 기울이는 삶을 살지 않을 것이다. 성공자나 부자 치고 자신을 돌보지 않는 사람은 없다. 나를 먼저 돌보고 내가 우뚝 서야 남을 도울 수 있다. 내가 말하는 꿈도 이루고 세상과 당당히 소통할 수 있다. 남의 이야기를 듣고 귀 기울인다면 분명 방황하는 인생을 살게 된다. 방황을 줄이고 인생의 지름길로 가는 것만으로도 성공은 보장된다. 당신의 꿈은 고작 조금 더 나은 사람이 아닐 것이다. 경제적 자유를 누리며 돈과 시간에 자유로운 행복한 삶을 살고 싶을 것이다.

여기저기서 힘 빼지 말고 한 곳에만 집중하는 삶을 살기를 바란다. 큰일을 하려면 큰 사람이 되어라. 결심과 행동을 하지 않으면 당신은 다시 과거로 돌아갈 뿐이다. 미안한 마음, 이기적인 마음으로 당신의 인생을 포기하기엔 너무 억울하지 않은가. 당신의 인생을 꿈이 없는 친구들에게 담보 잡히는 어리석은 사람이 되지 말자. 풍요롭게 부유한 에너지에 집중하라. 그런 친구들이 모인 곳으로 이동하기 바란다. 당신의 주변 평균 5명이 높아지면, 당신도 자연스레 높아진다. 당신은 부유하고 행복해지기 위한 신의 선물이다. 아름답게 포장된 당신을 아름다운 곳에 두길 바란다. 당신이 원하고 신이 원하는 인생이다.

내 삶의 주체는 바로 나다

오늘도 나는 스타벅스로 출근해서 책을 쓰며 나를 만난다. 저녁에 집 주변 산책을 하면서 나를 만난다. 혼자 예쁜 삼각별이 달린 벤츠를 타고 드라이브를 한다. 누군가는 혼자면 외롭지 않느냐고 묻기도 한다. 아직

내면의 풍요로움을 모르기 때문이다. 부를 이룬 성공자들은 명상이나 혼자만의 시간을 가지라고 말한다. 모든 답은 내 안에 있다. 친구들에게 있지 않다. 내면의 언어를 들을 줄 알면 당신은 가장 충만하고 행복한 사람이 된다.

나는 특별한 사람이 아니다. 선택의 순간이 모여 기회를 만들었다. 기회들이 모여 지금의 내가 되었다. 나는 내가 만나고 싶은 사람만 만난다. 인생에서 가장 중요하다고 생각하는 책을 매일 한 장씩 써내려간다. 나는 나의 지혜와 경험을 나누고 누군가에게 도움이 되는 백만장자 메신저의 삶을 살기로 했고, 그 순간 나는 자유로워졌다.

시행착오를 줄이고자 하는 누군가가 나를 찾아오면 나는 나의 경험을 토대로 조언을 해준다. 그런 나에게 사람들은 기꺼이 비용을 지불한다. 타인의 삶에 도움이 되면서 수익도 내는 삶. 이것이야말로 세상이 말하는 영향력이 있는 위대한 사람이다. 당신도 위대한 사람이 될 수 있다. 내가 주체가 되는 삶으로 환경을 바꾸어라. 그 순간 당신의 운명이 뒤집어진다.

더 나은 삶을 살고 성공하고자 한다면
희망을 이야기하는 사람들과 함께하라.

– 김도사의 『기적수업』 중에서 –

07

처음부터 시작하지 말고
끝에서 시작하라

과거는 바꿀 수 없지만 미래는 바꿀 수 있다

"저는 나이가 많아서 안 돼요."

"저는 스펙이 없어서 자신이 없어요."

"저는 남들처럼 예쁘지 않아서 잘 안 되나봐요."

사람들은 누구나 자신을 과소평가하는 경향이 있다. 뭐든 안 되는 이유를 나이, 스펙, 외모 등에서 찾는다. 사람은 누구나 변화할 수 있다. 나의 기준을 과거가 아닌 미래에 두면 희망적이다. 미래의 나는 가능성과 희망이 있기 때문이다. 지금부터 자신이 원하는 계획을 세워라. 자신이 보고자 하는 미래를 그려라. 과거는 바꿀 수 없지만 미래는 바꿀 수 있다.

과거의 나는 결코 성공할 수 없는 사람이었다. 가난과 싸워야 했고, 가장으로서 책임감에 싸워야 했다. 지금의 150억 자산가가 될 수 없는 조건이었다. 하지만 나는 현재를 보지 않고 내가 바라는 삶을 묵묵히 그려나갔다. 미래를 믿었고 그날을 위해 삶을 기록한다는 마음으로 살았다.

삶을 부정하지 않고 긍정했다. 어차피 나는 잘될 사람이니까. 희망이 있으면 살아갈 행복이 생긴다. 과거는 추억으로 남기기로 했다.

그때부터 나는 추억의 전유물인 '싸이월드'를 탈퇴했다. 어려운 일인 듯했지만 과거를 버리고 비우니 오히려 눈부신 미래를 채울 수 있었다.

휴대전화 번호도 바꾸었다. 많은 전화번호가 있어서 큰일이 일어날 줄 알았다. 오히려 삶이 심플해지고 단순해졌다. 과거에 집착하고 집중하는 시간을 버리니 설렘으로 채워졌다. 삶의 성장 속도가 엄청 빨라졌다. 당신도 과거에 집중하는 시간을 버릴 줄 아는 용기가 필요하다. 시간은 한정적이다. 같은 시간에 어떤 에너지를 쏟는지에 따라 성공의 속도 차이가 달라지기 때문이다.

과거가 아닌 미래를 보아야 한다. 오늘도 나는 나의 눈부신 미래를 바라본다. 행복은 멀리서 오는 것이 아니다. 내가 믿고 바라는 것을 상상할 수 있는 힘에서 온다. 상상을 해야 심장이 뛰고, 심장이 뛰면 확신과 믿음이 생긴다. 그 믿음으로 당신은 원하는 인생을 살 수 있다.

나는 물건이나 옷을 잘 버리지 못하는 사람이다. 2~3년 동안 입지도 않은 옷을 언젠가는 입겠지 생각하고 쌓아둔다. 아직도 그 습관을 바꾸는 게 참 힘들다. 그래서 옷장 정리정돈 컨설턴트의 도움을 받기로 했다. 그랬더니 정말 유효기간 지난 것들, 못 쓰는 것들, 이미 상태가 안 좋은 옷들, 몸에 맞지 않는 옷들이 어마어마하게 나왔다. 여러 번의 이사를 했음에도 불구하고 쓰레기를 떠안고 살고 있던 것이다. 그렇게 버리고도 아직도 버릴 것이 계속 나온다. 생각해보면 버리는 것도 돈을 내면서까지 남의 도움이 필요할 만큼 과거에 얽매여 있었다.

어느 날 강연이 있어 아무 생각 없이 늘 입던 옷을 입었는데 나중에 보니 밑단이 뜯어져 있었다. 버려야지 했다가 깜빡하고 놔둔 옷을 중요한 날 잘못 입고 온 것이다. 그날의 찝찝함은 말로 못 한다.

이렇게 얽매여 있는 과거로 인해 현재의 순간을 망치게 된다. 그래서 요즘은 미니멀라이프도 유행이다. 비워야 새로운 것이 채워진다는 교훈은 인생에도 적용되는 큰 교훈이다. 인생도 비워야 새로움으로 채워진다. 과거를 버려야 눈부신 미래가 채워진다. 손에 돌멩이를 꽉 쥐고 있으면서 눈앞에 있는 황금을 잡을 수는 없다. 황금을 잡으려면 손에 쥐고 있는 돌멩이를 버려야 한다.

많은 사람들이 나에게 "말처럼 과거와 결별하기가 쉽나요?"라고 묻는다. 왜 어렵다고 생각하는가? 이 책을 읽을 정도의 독자라면 성공과 부를 누구보다 갈망하는 사람일 것이다. 그런 사람에게 부의 '지름길'과 '스마트컷'을 알려주는 대로 따라 할 자신이 없다면 이 책을 덮어도 좋다. 그냥 지금의 모습대로 만족하며 살면 된다. 이 책은 가장 가까운 미래에 경제적 자유인이 되고 싶은 사람들을 위한 것이다.

'나'니까 될 수 있다

누구나 지워버리고 잊어버리고 싶은 기억들이 있다. 그것과 결별하지 않으면 언제나 과거의 나로 나를 판단하고, 그것이 내가 되어버린다. 당신의 무한한 잠재력으로는 당신이 원하는 모든 것을 할 수 있다. 과거가 아닌 미래에 답이 있다. 지금 당장 과거를 버리고, 당신의 미래를 선택하라. 당신이 믿는 것, 보는 것 모두 환경의 영향을 받는다.

나는 직장생활을 할 때 불평, 불만을 하는 사람들과 어울렸다. 늘 투정이었다. 그들은 자신이 만든 환경 속에서 투정을 부리고 있었다. 그런 영향을 받으면 나도 어느새 그들처럼 사고하게 된다. 빠져나오고 싶어도 하루 중 가장 많이 만나는 사람들과의 소통을 끊기는 어렵다. 직장 내에서 홀로 힘들고 외롭고 싶지 않은 마음에 계속 어울려 다니다가 그렇게 점차 물들어갈 것이다.

성공자를 만나고, 그들에게 배워라. 그들은 하나같이 '당신은 할 수 있다, 지금 당장 저질러라, 크게 생각하라' 등의 말로 나를 이끌어준다. 된다는 사고방식을 가진 사람들은 되는 방법만 생각한다. 그러한 생각에 믿음이 더해지면, 현실이 된다.

내가 작가가 되기로 결심을 하고 가장 먼저 찾은 것은 책 쓰기 멘토였다. 멘토는 한결같이 할 수 있다는 동기부여를 해주었다. 나의 미래에 대해서만 물었다. 과거는 바꿀 수 없지만 미래는 바꿀 수 있기 때문이다. 그리고 그렇게 살 수 있다고 말해주었다. 성공자가 나를 믿어주는 것만큼 큰 동기부여는 없다. 나는 '아무나 작가가 될 수 없다'는 생각에서 '나니까 될 수 있다'로 사고방식을 바꾸었다. 나는 나의 미래를 작가, 강연가, 코치로 다시 디자인했다. 그리고 직장인이 아닌 1인 기업가의 삶을 살겠다고 선포했다. 그런데 어떻게 되었는가? 정말 책을 쓴 지 6개월 만인 30살에 작가가 되고 청춘들의 멘토가 되어 중·고·대학 등 전국을 무대로 강연했다. 지금은 유튜브 '권마담TV'와 '한국석세스라이프스쿨'의 대표가 되어 나의 지식과 경험을 나누어주며 부유한 삶을 살고 있다.

100년 후를 내다보는 마인드로 생각하고 결정하라

직장인일 때는 한계와 불가능성만 보았다. 성공자를 만나 1인 기업가가 된 지금은 가능성만 본다. 그리고 그 가능성의 힘으로 더 나은 하루를 만들어간다. 당신은 그럴 자격이 있다. 왜 매일 안 된다는 생각으로 살아야 하는가? 그러기엔 인생이 너무 짧다.

당신도 매일 아침 나처럼 스타벅스로 출근하라.
당신도 매일 저녁 사랑하는 배우자와 산책을 하라.
당신도 매일 아이들과 풍요로운 대화를 나누어라.
당신도 1년에 4번씩 크루즈 여행을 가라.
당신도 부모님께 1,000만 원씩 용돈을 드려라.

나중에 당신이 하고 싶은 일들을 당장 써야 한다. 나는 100년 후에 하고 싶은 일들을 써보기 시작했고 그때부터 삶이 크게 달라졌다. 나중에

할 일을 하나씩 하는 것에 집중했다. 처음에는 어려웠다. 바쁜 생활 속에 그것들이 가능할까 생각했다. 커피 한잔부터 시작해서 책 읽는 것까지 아침에 일어나서 나중에 할 일을 하나씩 계획을 했다. 그런 생각과 몰입만으로도 나의 아침은 완전히 달라졌다.

모든 두뇌와 가슴이 계획을 세우고 할 수 있는 방법들을 생각해내기 시작했다. 하나하나 완료될 때마다 가슴이 벅찼다. 도저히 안 될 것 같은 일들도 해보니 다 된다는 것을 느꼈다. 지금도 그 순간의 가슴 떨림을 잊지 않으려고 나중에 할 것을 지금 하기로 결심한다. 끝에서 시작한다.

100년 후를 내다보는 마인드로 생각하고 결정한다. 모든 선택의 결정은 미래의 나에서 출발한다. 끝에서 시작한다는 것이다. 미래의 나는 언제나 풍요롭고 여유롭다. '그런 나라면 어떤 선택을 할까?'라는 생각에서 출발하니 인생의 중요도가 정리되었다. 한 번 사는 인생 후회 없이 살기로 했다. 많은 사람들이 죽기 전에 가장 후회하는 것이 '가슴이 시키는 삶을 살아야 하는데.'라고 한다. 그들이 끝내는 시점에서 나는 다시 시작한다. 당신도 나처럼 끝에서 시작하라.

원하는 것이 있다면 이미 원하는 모습이 되었다는 것을 사실로 받아들여라.
그 사실을 생생하게 받아들인다면 상상은 단단한 실체가 되어 현실로 나타나게 된다.

– 김도사의 『기적수업』 중에서 –

08

성공을 부르는
환경에서 시작하라

세상은 내가 용기를 내는 만큼만 기회를 준다

20대 중반 호주에서 지낼 때의 일이다. 돈이 없어서 숙박비를 낼 수가 없는 상황이 되었다. 그때 한국 사람이 주방에서 청소하던 모습이 생각났다. 사람이 절박하면 무모한 용기가 생긴다. 바로 매니저에게 다가가, 영어로 횡설수설하며 돈이 없으니 여기서 일을 하게 해 달라, 숙박비를 대신하겠다고 말했다. 그는 흔쾌히 수락했다. 매일 2시간씩 공용주방과 화장실을 청소하면 숙박비를 면제해주는 조건이었다.

평소에 영어 한마디 하려면 부끄러워서 몇 분씩 고민하고 생각했는데,

긴박한 상황이 되니 영어도 잘 나왔다. 짧은 영어였지만 내가 하고 싶은 말을 전달했다는 사실에 스스로 뿌듯했다. 그리고 내가 원하는 결과를 얻었다. 그 순간은 정말 짜릿했다.

그곳은 숙박비가 조금 비싼 탓에 한국인이 거의 없었다. 여기서 일을 한다면 살아 있는 영어를 배울 수 있겠다는 생각이 들었다. 무엇보다 한국 사람이 많은 곳에서 영어를 하는 것이 가장 힘이 드는데 여기는 외국인뿐이니 최적의 영어환경이라고 생각했다.

화장실 청소는 누구나 하기 싫은 일이다. 하지만 해야만 했다. 가끔씩 느껴지는 수치심도 있었지만 포기할 만큼 부끄럽진 않았다. 이런 일자리가 있어서 쫓겨나지 않고 외국인 여행자들과 어울리며 영어를 공부할 수 있음에 오히려 감사했다. 주인 의식을 가지고 청소를 했다. 일도 즐거워지기 시작했다. 먼저 인사를 해주는 친구들도 생겼다.

이런 나의 모습을 보고 다른 한국인이 취업을 하고 싶다고 찾아왔다. 아직 영어가 능통하지 않은 동양인에게 주어지는 일은 대부분 육체노동이다. 그에게 내가 하는 일을 제안했고 고맙다며 함께 일을 하게 되었다. 하지만 그는 하루 만에 이 일을 포기했다. 내가 이런 화장실 청소하려고 호주까지 온 줄 아냐며 다른 일자리를 찾아 떠났다.

각오를 하면 상처를 받지 않는다. 오히려 기회가 되고 운을 버는 사람이 된다. 나는 그 일을 계기로 룸 청소도 맡게 되었다. 매니저로 승진하여 예약 업무와 관광 업무도 하게 되면서 시간당 보수는 2배로 올랐다. 기회가 기회를 몰고 왔다. 그때 내가 하찮은 일을 하고 있다는 생각에 상처를 받았다면, 어떻게 되었을까? 스스로 자괴감이 들어서 기회를 차지하지 못했을 것이다. 포기한 친구는 결국 호주에서 다른 일자리를 전전긍긍하며 워킹홀리데이 1년을 채 마무리하지 못하고 빠르게 한국으로 돌아갔다고 한다.

그렇다. 세상은 딱 자신이 용기를 내는 만큼 기회를 준다. 환경은 내가 만드는 것이다. 그때 나로 인해 동양인의 이미지도 좋아졌다. 다소 비싼 호스텔의 숙박업체라 아시아인들이 많진 않았다. 하지만 나처럼 영어공부를 하면서 돈을 벌고 싶은 워킹홀리데이 친구들에겐 보수며 여건이 최상의 조건이었다. 그 이후 많은 동양인들이 몰리기 시작했고, 평도 좋았다. 가끔 상처를 받고 그만두는 친구들도 있었지만, 그들은 어딜 가도 그렇게 살 것이다.

이런 환경을 감사하며 시작한 친구들은 하나같이 나처럼 좋은 성과를 내며 인정을 받고 독립했다. 이런 모든 과정이 입소문이 나면서 한국에 이전시에서 호주 현지에 있는 한국인들을 돌봐주는 업무를 제안하기도

했다. 성공한 워킹홀리데이인으로서 〈ELLE〉지에서 인터뷰 요청도 들어
왔다. 그리고 나를 멘토로 삼고 싶다며 많은 연락들이 오기 시작했다.

시작은 초라했으나, 끝은 창대했다. 누군가의 롤 모델이 되고 성과로
인정받았다. 이미 단단한 각오를 한 사람들은 절대 상처받지 않는다. 지
금 위치에서 최선을 다하면 다른 길을 만나게 된다. 운이 좋은 환경은 어
떻게 해석하고 바라보는가에 따라 달라진다. 누군가에게는 위기가 되지
만 누군가에게는 기회가 된다.

이유를 찾기보단 이유를 만들어라

내가 20대 중반에 진급을 앞둔 직장을 그만두고 호주로 떠난다고 했을
때 모두 만류했다. 3인칭 단수가 무엇인지도 모르는 영어 초보자가 해외
로 간다고 하니 더 의아했을 것이다. 사실 마음 한편에서는 무작정 가슴
이 시키는 대로 떠나는 나 자신이 두렵기도 했다. 하지만 운이 좋은 환경
을 스스로 만들기로 했다. 해외 경험자들의 성공 후기만 보며 상상하고
시각화했다.

세상은 아는 만큼 보인다. 내가 바라보는 대로 믿게 된다. 나는 내가

보고 싶은 것만 보았다. 그래서 힘든 것이 힘든 것인 줄 몰랐고, 위험한 일이 위험한지를 몰랐다. 처음이니까 쉬운 건 없다는 생각으로 도전했고, 무모하게 부딪쳤다. 어차피 아무것도 하지 않는 것보다 무엇이라도 하는 삶의 성장은 당연한 법일 테니까.

"생각대로 살지 않으면 사는 대로 생각하게 된다."

나는 더 이상 사는 대로 생각하지 않기 위해 가슴이 시키는 대로 하기로 했다. 그리고 가슴이 말하는 영혼의 언어를 믿었다. 이유를 찾기보단 이유를 만들었다. 지금 아니면 안 된다는 이유로 뚜렷한 목적도 없이 떠났던 경험이다. 남자들이 말하는 군대처럼, 2번 하라면 다시 못 할 도전이지만 초심으로 각오하니 도전할 수 있었다.

이후 새로운 일에 대한 겁이 없어졌다. 삶에 대한 많은 두려움이 사라졌다. 가슴이 시키는 대로 사는 삶이 나를 더 강하게 만들었다. 운이 좋은 환경이 주어졌다. 위기가 기회가 되었고 삶에 가장 큰 가르침이 되었다. 인생의 목적이 뚜렷해진 지금은 알 수 있다. 가슴이 시키는 대로 사는 것이 정답이라는 것을 말이다.

직장생활을 하며 영어학원에 다니고 새벽과 주말을 이용해서 스터디를 할 때였다. 당시 나의 유일한 취미이자 성공 도구였던 영어를 통해 인생의 의미를 찾고 참 행복했다. '즐기는 사람을 이길 수 없다'는 법칙이 통했다. 코치님이 영어강사가 되어보라고 조언을 주시며 면접 자리를 마련해주셨다.

물론 내 꿈은 영어강사가 아니었다. 누군가를 가르치고 동기부여가 되는 직업을 갖고 싶었다. 영어강사가 하나의 방법일지도 모른다는 생각이 들었다.

열심히 면접 준비를 하고, 강사 경험은 없었지만 스터디장으로서 하던 대로 시강을 준비했다. 나의 평소 모습 그대로 보여주었다. 즐거운 첫 경험이었다. 많은 사람들 앞에서 강의를 한다는 것 자체가 즐거웠다. 또한 대단하신 분들 앞에서 강의를 하는 경험은 나에게 또 다른 자극을 주었다. 스스로 미흡하다고 생각했지만, 자신감으로 면접관을 사로잡았고 나에게 강사가 될 기회가 주어졌다. 이렇게 또 하나의 꿈을 또 이루었다.

그 후로 수업 준비를 하면서 많은 것을 깨달았다. 강사라는 직업이 보이는 것과 다르게 준비 과정이 꽤 고되고 많은 시간이 든다는 것이다. 강사들이 더 대단하고 멋있어 보였다. 소명의식을 가지고 학생들을 가르치는 것은 열정과 땀이 범벅된 결과였다.

할까 말까 할 때는 하는 게 정답이다

꿈 너머의 꿈을 꾸며 성공을 위한 도구로서 내가 단단하게 단련됨을 느낄 수 있었다. 나에게 주어진 모든 환경이 나의 성공도구가 되고, 경험이 된다. 실패하더라도 내가 실패로 여기지 않는 한, 그것은 더 이상 실패가 아니다. 운이 좋은 환경이 주어진 것이다. 이런 실력들이 쌓이고 쌓여서 내가 만들어진다.

생각만 하고 아무 도전도 하지 않는다면 아무 일도 일어나지 않는다. 이러한 도전들이 쌓여서 운을 부르고 기회를 만든다는 것을 몸소 배웠다. 할까 말까 할 때는 하는 게 정답이다. 해도 후회, 안 해도 후회라면 하는 게 낫다. 후회 없는 인생을 살기 위해 우리는 이토록 열심히 살고 있다.

인생 2막을 꿈꾸게 해준 나의 도전이 나를 운이 좋은 사람으로 만들어주었다. 요즘은 하는 일마다 잘된다. 다양한 도전으로 가보았던 길에서 나는 더 성장했다. 보이지 않던 길이 나로 인해 다른 사람의 이정표가 되었다. 그 이정표로 인해 나를 찾는 사람이 많아졌다. 그들과 소통하며 내가 경험했던 시행착오들을 나눈다. 내가 기대하지 못했던 일들이 펼쳐지고 있다. 새로운 세상에서 행복하게 지낸다.

다양한 도전으로 나는 크게 바뀌었으며, 뿌리 깊은 나무가 되었다. 경험한 만큼 쉽게 흔들리지 않는다. 그래서 나는 다른 이들에게도 일단 해보라고 조언한다. 아직 보이지 않는 목표라도 멈추지만 않는다면 반드시 어디든 도착해 있을 것이다. 일단 해보면서 목적이 완성되는 삶 또한 의미가 있다. 그리고 누군가의 이정표가 되는 삶이야말로 세상에 선한 영향력을 미치는 것이다.

가난은 무지에서 비롯된 재난이다. 가난을 딛고 성공한 사람을 멘토로 두라.
그의 곁을 떠나지 말고 모두 배워라. 그리고 멘토와 함께 연대해 더 크게 성공하라.

– 김도사의 『기적수업』 중에서 –

09

경험을 돈으로 바꾸는
기술을 배워라

돈을 모아서 시작하려면 늦는다

예전에는 직장생활을 하면서 매월 나오는 월급에 만족하며 살았다. 배움을 위한 돈이 필요할 때면 언제나 월급에 맞추었다. 당시 내가 할 수 있는 건 영어학원과 운동에 대한 투자였다. 3년이 넘게 직장생활과 병행하며 새벽과 주말에 영어학원을 다녔다. 그리고 건강의 중요성을 알고 운동도 다녔다. 매월 20만 원 내외 선에서만 배움에 투자할 수 있었다.

배움에 투자를 하다 보니 끊임없이 다른 배움을 갈망하게 되었다. 당시 나의 꿈은 꿈과 희망을 나누는 동기부여가가 되는 것이었다. 그때 알게 된 롤 모델들은 하나같이 언변이 뛰어났다. 그래서 그들을 만날 수 있는 강연회를 찾아다녔다. 보통 저자강연회 참가비용은 무료에서 3만 원 내외였다.

계속해서 만나보니 나도 그들처럼 무대에 서고 싶다는 욕망이 생겼다. 김미경 아트스피치를 검색해 3개월 과정이 있다는 것을 알게 되었다. 하지만 300만 원 내외의 수강료를 보고 망설였다. 아무리 생각해도 내 월급에서는 엄두가 나지 않았다.

'대출도 있는데, 할부를 해도 괜찮을까?'
'정말 이 과정을 수료하면 강사가 될 수 있을까?'
'내가 진정 배우고 싶은 게 맞는 걸까?'

계속해서 머릿속에서 안 된다는 변명과 핑계들만 생겨났다. 하루하루 지날수록 더욱더 고민은 깊어졌다. 안 되는 이유만 찾고 있었다. 시간보다 돈이 더 중요했던 것이다. 그렇게 몇 개월이 지나 없던 일처럼 시작도 하지 못하고 끝이 났다. 다시 일상으로 돌아와 영어공부와 운동을 할 뿐이었다.

다시 똑같은 고민이 이어졌다. '동기부여가가 되고 싶은데 어떻게 하면 될까?' 일상은 전혀 달라지지 않고 계속해서 같은 고민만 하며 시간을 낭비하고 있었다. 1년이 지나자 똑같은 일상이 반복되는 나의 모습을 보고 그때 등록하지 못한 것을 후회하고 또 후회했다. '뭐라도 했으면 지금보단 나아지지 않았을까?'

그렇게 만나게 된 것이 독자에서 작가가 될 수 있는 '책 쓰기'였다. 한 책협에서 책 쓰기 1일 특강을 듣고 이제는 더 이상 후회하지 말자는 생각으로 무조건 등록비를 마련할 수 있는 방법만 생각했다.

1년 전에는 떠오르지 않았던, 대출을 받으면 되겠다는 생각이 떠올랐다. 된다 된다 생각하니 정말 되는 방법만 떠오르기 시작했다. 내가 배움을 위해 대출을 받겠다고 하니 주변에서 이렇게 말했다.

"제정신이야? 그렇게까지 할 필요가 있어?"
"너 어떻게 그 돈을 갚으려고 해?"

다들 그렇게 나를 만류했지만, 그들은 아직도 평범한 삶을 살며 발전이 없는 과거의 나 같은 사람들이었다. 이제 더 이상 발전 없이 이대로 시간을 낭비하면 안 되었다. 계속 제자리에 있고 싶지 않았다. 돈을 모아서 시작하려면 늦는다. 그 사이에 열정과 믿음도 사라지게 된다.

제대로 배워서 더 크게 성공하면 된다

출간후 총 100만 부 이상이 팔린 베스트셀러인 『배움을 돈으로 바꾸는 기술』의 저자 이노우에 히로유키는 잘나가는 치과의사 겸 경영학 박사이다. 그는 대출을 받아서라도 배우라는 조언을 강력하게 한다. 배움으로써 자신의 강점을 강화시킬 수 있고 그때 자기 변화가 일어난다. 인생에서 변화가 일어난다는 것은 발전하고 있고 성장하고 있다는 것이다. 즉 돈을 당연히 더 많이 벌 수 있는 사람이 된다는 것과 일맥상통한다. 계속해서 시간과 돈을 투자해서 제대로 배워서 더 크게 성공하면 된다. 저자는 배움의 최대 성과에 대해서 이렇게 말했다.

"배움의 최대 성과는 이처럼 잠재의식을 활용할 수 있게 된 것이다. 계속해서 배움을 지속하면, 그것이 잠재의식에 전달되어 반드시 현실적인 형태로 결실을 맺는다."

현실적인 형태라는 것은 돈을 더 번다는 것이다. 우리의 목표는 행복한 경제적 자유인이 되는 것이다. 배움이 돈이 되는 기술이 된다는 뜻이다. 돈을 어떻게 더 벌 것인지에만 집중하면 돈을 벌게 된다. 벌려면 그것에 대한 배움이 뒤따른다. 빠른 배움을 위해서는 최고를 찾아가서 최고에게 배우면 된다. 목표지점에서 보면 가장 현명한 선택이다. 10년 고

생할 것을 1년 만에 할 수 있다면 9년이라는 돈을 주고도 살 수 없는 시간을 벌 수 있다. 차라리 먼저 시작하고, 성공해서 제대로 갚으면 되는 것이다. 나는 직장인 대출을 받아 책 쓰기 코칭계의 구루인 최고의 코치 김도사에게 가서 속성으로 배울 수 있는 1:1 책 쓰기 과정을 시작했다. 그리고 최고가 시키는 대로만 했다. 과연 어떤 일이 벌어졌을까? 6개월이 지나 나는 독자에서 작가가 되었다. 직장을 그만둘 수 있는 만큼 수입이 생겼고, 대출금을 갚을 수 있을 만큼의 인세, 강연료와 코칭료를 벌게 되었다. 시간을 벌고 돈도 벌게 되었다. 그때 한정된 수입만 생각하고 대출을 받지 않았다면 지금의 나는 존재하지 않을 것이다.

돈보다 시간을 아껴야 한다

자신의 배움과 능력을 한정하지 마라. 지금의 월급으로 당신을 단정짓는다면 평생 변하지 않는 그저 그러한 삶을 살게 된다. 돈보다 시간을 아껴야 한다. 그리고 더 크게 성공하고 더 크게 벌면 된다. 누군가 했다면, 당신도 할 수 있다. 당신에게 지금 필요한 것은 '더 많은 수입을 벌기 위해 무엇을 배우고 어떻게 내 삶에 적용할 것인가'이다. 끊임없이 고민하고 생각해야 한다. 자신에게 크게 투자하라. 돈보다 시간을 벌어라. 그리고 100배로 갚아라. 자신에 대한 믿음만 있으면 분명 달라질 수 있다. 당신은 당신의 능력을 믿어야 한다. 그 믿음으로 큰돈을 레버리지를 이용해서라도 투자하라. 그러면 크게 얻을 수 있다. 돈은 목적이 아닌 성공을 위한 수단이다.

내가 책 쓰기를 배운 곳에는 제주도, 부산에서도 왔고, 심지어 미국에서 오기도 했다. 책 쓰기 세미나 관련은 네이버 카페 '한책협'에 가입하고 도움을 요청하길 바란다.

1인 기업가의 경전이라고도 불리는 『백만장자 메신저』를 읽고 저자의 강연을 직접 들으러 미국까지 가는 열정적인 사람들도 있다. 그들을 보면서 나는 더 열정적이게 되었다. 그런 이들과 나누는 대화와 정보는 수준이 다르다. 미래를 생각하는 크기도 다르다. 그들은 스스로 자신의 미래를 만들어갈 수 있다는 믿음이 있다. 의지 또한 강렬하다. 그런 이들과 함께하면 나의 정보의 수준도 달라진다. 당신이 바뀌려면 주변의 환경을 바꿔야 한다. 직장인일 때는 만나는 사람이 직장인 수준이기 때문에 다른 시각을 만들 수 없다. 당신은 아직도 '언젠가는 나도 할 거야, 나도 변할 거야.'라며 실천 없는 고민만 하고 있지 않은가?

오늘부터 당신의 의식 수준을 높여주는 세미나에 제대로 투자하고 배워라. 나도 예전에는 무료로 하는 세미나를 주로 다녔다. 그런데 그런 무료 세미나는 신청해놓고 바쁜 일이 있으면 가지 않았다. 가더라도 조금만 피곤하면 내일을 걱정하며 중간에 나오곤 했다. 나뿐만이 아니었다. 사람들은 강연 내용이 조금이라도 맘에 들지 않으면 혹평하고 비난했다. 나도 그들과 다를 바가 없었다.

하지만 고가의 세미나를 들을 때는 나의 마음가짐부터 달랐다. 참여하는 사람들의 눈빛부터가 달랐다. 모두 상대의 경험과 지식을 배우고 변화된 삶을 살겠다는 강력한 의지가 있었다. 무엇보다 긍정의 에너지를 가지고 있었다. 생각의 크기가 달랐다. 감정은 쉽게 전염된다. 그러한 전염으로 나의 믿음은 더욱더 커지고 소명의식도 분명해졌다. 30년이라는 세월을 제대로 벌었다. 처음으로 변화되는 시작을 하게 되었다.

진정으로 변화하고 싶다면 돈보다 시간을 벌어라. 당신도 이제는 그런 돈을 받고 강의를 할 수 있다. 자신에 대한 믿음이 크기 때문이다. 믿음이 곧 자신감이 되며 배움이 돈이 되는 순간이 된다.

요즘 시대에는 배울 것이 너무 많다. 선택지가 많아서 오히려 정보의 오류가 온다. 그 속에서도 최고에게 투자하여 최고의 결과를 내는 사람들이 있다. 당신도 최고가 되는 그날을 위해 자신의 능력을 제한하지 말자.

자기계발의 마지막 과정은
'책 쓰기'와 '강연'이다.

– 김도사의 『기적수업』 중에서 –

10

나는 배우자 기도로
내가 원하는 남자를 만났다

욕망을 추구하는 것이 나의 소명을 찾아가는 삶이다

20대 중반 호주 워킹홀리데이 멘토로 활동하던 때이다. 180cm의 키에 훤칠한 외모를 가진 한 남자가 개인 상담을 요청해왔다. 그는 여느 청년들처럼 열심히 토익을 공부했고, 면접을 준비했다. 그리고 외국 경험이 필요하다며 나에게 호주 생활에 대한 상담을 받았다. 우리는 멘토와 멘티 사이로 만나게 되었고, 곧 연인 사이로 발전했다. 호주를 다녀온 이후에도 계속 함께 영어공부를 했다. 같이 공부하니 소통도 잘되고 서로 도움이 되어 좋았다. 그와 나는 한 가지를 제외하곤 공통점이 많았다. 그래서 미래의 남편감이라고 생각했다. 하지만 다른 한 가지가 내심 맘에 걸렸다. 그는 독서를 즐기지 않았다. 스펙 쌓기를 가장 중요하게 여겼고, 거기에 맞추어 평생 공부를 했다. 곧 그는 원하던 대기업에 취업이 되었고 더 이상 공부할 이유가 없어졌다. 나는 그사이 더 많이 독서를 했다.

그는 회식이 잦았고, 사회생활에 적응하느라 바빴다. 나는 자기계발서도 읽고 꿈을 더 크게 꾸기 시작했다. 거기서부터 우리는 달라지기 시작했다. 나의 꿈의 크기는 계속 커져가고, 욕망이 커지는 만큼 더 바빠졌다. 배울 것이 너무나도 많았고, 저자강연회나 자기계발 특강이 있다면 쫓아다니기에 바빴다. 서로 공부하는 바가 달라지니 개인적인 시간이 더 많이 필요했다. 나도 모르게 스트레스를 받기 시작했다. 무언가를 하려면 데이트 시간을 쪼개야 했기에 양해를 구해야 했다. 물론 반대하는 입장은 아니지만, 점점 시간이 갈수록 그런 시간조차 아깝게 느껴졌다.

자주 소통의 부재가 생겨 다투기도 하고 괜히 미안한 마음도 들기도 했다. 내가 이기적이라는 생각이 들면서 스스로 죄책감도 생겼다. 무언가 이상한 방향으로 틀어진 느낌이었다. 하지만 그 '무언가'가 무엇인지 도통 알 수 없었다.

"동희야, 너도 결혼해야지. 남자친구가 대기업에 다니고 집도 있고 차도 있으니 얼마나 좋아."

"너는 이런 남자랑 결혼해야 돼. 네가 하고자 하면 응원해주잖아."

"꿈도 좋지만 언제까지 그렇게 살 순 없어. 이젠 안정적인 삶을 찾아."

"살아보니 꿈이 밥 먹여주지 않더라. 남편 잘 만나서 잘 먹고 잘 사는 게 최고야."

친구들은 나이가 들어가니 안타까운 마음에 다들 한소리씩 했다. 이제 는 자기계발 그만하고 결혼 준비를 하라고 했다. 그럴 때는 나도 모르게 흥분하며 발끈했다. 나이가 들수록 가끔씩 납득이 되기도 했다.

약해지는 내 모습이 싫었다. 하지만 안정적인 삶을 추구하는 욕망 없 는 남자에게 기대어 살 자신이 없었다. 피 끓는 청춘일 때 하고 싶은 건 다 하고 싶었다. 나는 안정적인 삶을 추구하지 않았다. 모험적인 삶을 살 더라도 나의 욕망에 맞는 미래를 맞이하고 싶었다. 이럴 때는 느낌대로 해야 한다. 상황에 나를 맞추어서는 안 된다. 상황에 나를 맞추다 보면 그 상황에 끌려가서 결국 후회하는 선택을 하게 된다. 나는 나의 느낌을 선택했다. 남자친구에게 이별을 요청했다. 쉬운 이별은 아니었지만 그래 도 확고하게 나아갔다. 시원섭섭하면서도 마음이 후련해졌다. 마침내 그 '무언가'의 정답을 찾았다.

그와 나는 욕망의 크기가 달랐다. 시작은 같아 보였지만 서로의 꿈의 크기가 차이 날수록 바라보는 미래가 달랐던 것이다. 추구하는 미래가 다른 남자를 만난다는 것은 나의 미래를 포기하는 것이다. 나는 세계적인 동기부여가를 꿈꾸는 여자다. 세계적인 동기부여가가 되기 위해선 내가 해야 할 노력이 많다. 그 욕망을 추구하며 나의 소명을 찾아가는 삶이다. 가끔 찾아오는 외로움이나 추억은 곧 지나가리라 생각했다. 더욱더 나의 꿈에 기대려고 노력했다. 지금은 그 선택이 내 인생에서 가장 잘한 선택이 되었다. 그 이후로 욕망의 중요성과 나의 꿈이 얼마나 소중한지 알게 되었다. 남자를 보는 눈도 달라졌다. 외모나 남들이 판단하는 기준이 아닌 나의 기준이 명확해졌다. 야망이 있다면 가까운 미래에 그 일을 할 확률이 높다. 다양한 경험을 하며 현명한 사람이 된다. 인생을 주인공으로 살기 위해 노력하는 사람이 된다. 행동이 앞서는 남자일 것이며 좌절에 굴복하지 않을 것이다.

나는 배우자 기도로 내가 원하는 남자를 만났다

부모의 모든 빚을 떠안은 지독히도 가난한 한 남자가 있었다. 가난으로 인해 아버지는 음독자살을 했다. 남자는 그 모든 짐을 떠안고 어머니와 집안을 살리기에 온 힘을 다했다. 스펙은 시골 출신, IQ 89, 지방 전문대 졸업이 전부다. 그 어떤 기술과 능력이 없었고, 돈도 없었다. 마이너

스 인생일 때 자살을 시도했을 정도로 많은 사건 사고를 겪었다. 하지만 꿈 하나는 놓지 않았다.

"나는 1시간 강의에 5,000만 원씩 버는 사람이 될 거야."
"나는 사람들에게 꿈과 희망이 되는 동기부여가가 될 거야."

그를 아는 사람들은 비웃음을 자아냈다. 말을 더듬는 것이 콤플렉스였고, 내성적이고 수줍음이 많은 사람이었기 때문이다. 감성이 풍부했던 그는 20대 초반에 시인이 되는 꿈을 이루었다. 하지만 경제적인 형편이 나아지지 않아 먹고살기 위해 기자가 되었다. 그리고 작가가 되었다. 작가가 되어 인세와 강연료를 벌며 빚을 갚아나갔다. 미친 듯이 글을 썼다. 35세에 100권의 책을 펴내어 단기간 최다집필로 2011년 '대한민국기록문화대상'을 수상하게 된다.

그는 작가를 양성하는 협회를 만들어 그 일에 몰두했다. 현재 그는 1,000여 명의 작가를 배출하고 250권의 저서를 집필했다. 1인 창업을 시작으로 교육회사를 운영하며 사업가가 되었다. 현재는 150억의 자산가가 되었다. 자신을 존경해줄 수 있는 여자를 만났고 슬하에 3명의 자녀를 두었다. 100평대 펜트하우스에 살며 많은 이들의 존경을 받는 사람이다. 그는 바로 나의 책 쓰기 코칭 스승이자 남편인 김도사이다. 나는 배우자

기도대로 내가 원하는 남자를 만나게 되었다. 존경하는 스승이었고, 닮고 싶은 롤 모델이었다. 나는 야망이 있는 남자를 만나고 싶었다. 미래에 모든 것을 거는 사람 말이다. 지금은 24시간 함께한다. 사업이며 자기계발이며 여행이며 모두 함께하며 서로 더 큰 꿈을 말하며 계속 성장하고 발전한다. 각자의 위치에서 자수성가하여 서로에게 자랑스러운 사람이 되었다.

우리는 확고한 꿈이 있었고 꿈을 이루기 위해 고군분투했다. 안주하지 않고 미래를 꿈꾸며 욕망에 의지했다. 그리고 행동했다. 결국 모든 것을 이루어냈다. 생각하는 대로 모든 꿈을 이루었다. 꿈을 이룬 우리는 현재 많은 사람의 롤 모델이 되어 하루에도 수십 통씩 전화와 이메일로 상담 요청을 받는다.

혼자일 때는 외로울 때도 있었지만 둘이니까 힘이 배로 난다. 위기가 기회가 되기도 하고 시련이 선물이 된다. 당신도 야망 없는 남자는 사절하라. 당신의 야망이 크다면, 더 큰 남자를 만나야 한다. 그런 환경을 만들면 된다. 계속해서 성공에 대한 공부를 하고 행동하고 노력하라. 끊임없이 열정을 쏟아 붓는다면 꿈은 반드시 이루어진다. 꿈이 커질수록 꿈이 큰 사람들의 꿈맥이 생길 것이다. 그리고 당신은 더 커질 것이다. 그 크기에 맞는 인생을 살아야 행복하다. 그게 당신이 바라던 삶이다.

종이에 꿈과 목표를 쓰는 행위는 처음으로 그 꿈과 목표를
당신의 것으로 인식한 행동이다. 인식은 곧 창조 행위와 같다.

— 김도사의 『기적수업』 중에서 —

긍정적으로 사고하면 인생은 긍정적으로 변하고,

원하는 것을 성취하게 된다.

– 김도사의 『기적수업』 중에서

11

더 늦기 전에,
더 잃기 전에 시작하라

힘든 일이 일어나는 데는 반드시 이유가 있다

인생은 선택의 연속이다. 지금 당신이 처해 있는 상황 또한 선택에 의해서 만들어진 결과이다. 선택에 대한 기회비용으로 결정하는 게 쉽지 않은 순간이 많다. 위험이 크면 보상도 크다. 보통사람은 위험도 작고 보상도 작은 일상에서 만족하며 산다.

나는 어릴 적부터 무조건 돈이 벌고 싶었다. 가난한 환경이 싫었다. 돈만 있으면 걱정 없이 살 수 있을 것 같았다. 공부를 딱히 좋아하는 것도 아니었다. 상업고등학교에 진학한 나는 빨리 취업을 하고 싶었다. 그래서 공부를 시작했다. 목표가 있으니 공부도 재미있었고, 동아리 활동도 재미가 있었다.

"권동희 학생은 지금 바로 교무실로 오세요."

쉬는 시간에 갑자기 뜬금없는 교내방송이 울렸다. 나는 특별히 방송에서 찾을 정도의 학생이 아니었기에 의아했다. 아무 생각 없이 교무실로 갔다. 선생님은 말을 꺼내기 어려워하시며 아버지의 부고 소식을 전해주셨다. 타지에 계시는 아버님이 사고가 났다고 하니 지금 당장 가보라는 이야기를 해주셨다. 눈물을 흘릴 틈도 없이 어안이 벙벙한 나는 그대로 가방을 챙겨 학교를 나섰다.

당시 아버지의 직장 문제로 우리 가족은 나를 제외하고 모두 대구에서 생활하고 있었다. 나는 친척들의 차를 타고 대구로 갔다. 눈물이 나지 않았다. 이상하리만큼 나는 강했다. 오히려 엄마와 동생을 책임져야 하는 장녀로서의 책임감만 더 커졌다. 친척들이 안타까워하며 한마디씩 하는 것이 싫었다. 난 정말 괜찮았다. 오히려 그동안의 힘들었던 삶이 술을 좋아하는 아버지 때문이라고 생각해서인지 그냥 그 상황조차도 담담했다.

친척들은 그런 우리 가족을 이해하지 못했지만 나는 빨리 좋은 직장에 취직해서 돈만 벌면 된다고 생각했다. 불평불만을 할 틈도 없이 상황을 받아들이며 그냥 현재에 만족했다. 자취방에서 혼자서 학교를 오가며 목표를 이루는 것에만 집중했다.

나의 삶을 바꾸는 길은 지금에 충실한 것이었다. 삶이나 환경은 나로 인해서 언젠가는 바뀔 것이기 때문이다. 그런 믿음만 있다면 위험한 상황도 당연한 상황이 된다.

드디어 직장인이 되었다. 첫 월급을 받고 정말 행복했다. 그렇게 5년여 동안 직장인 생활에 만족하며 착실하게 잘 살았다. 아직 학생인 동생이 있었다. 아버지가 돌아가신 이후에는 타지에서 생활할 필요가 없게 되었다. 엄마와 동생은 친척들의 도움으로 부산에서 조그만 집에 자리를 잡고 시작했다. 이젠 나도 돈을 버는 사람이 되었기에 어떤 걱정도 없었다.

엄마와 내가 함께 돈을 벌면서 집은 어느 정도 평범한 가정 속에 들긴 했지만, 새로 마련한 보금자리도 경매로 넘어갔다.

그동안의 몰랐던 빚들이 뭉텅이처럼 불어나면서 다시 한 번 위기가 됐다. 그런 사건이 생길 때마다 혼자서 많이 울었다. 당장에 급급하며 사니까 결과도 늘 딱 그만큼이었다.

더 늦기 전에, 더 잃기 전에 시작하라

생각대로 살아보기로 결심하는 순간, 나에게도 현재에 안주하지 않고 미래를 꿀 수 있는 꿈이 있다는 것을 알게 되었다. '생각대로 살지 않으면 사는 대로 생각하게 된다.'라는 모토로 나도 꿈이라는 것을 마음껏 생각하기 시작했다.

'그렇지… 나에게도 더 큰 꿈이 있었어. 나도 더 좋은 집, 더 좋은 환경에서 살 수 있어.'
'나도 누군가에게 희망과 용기를 주는 사람이 되고 싶다.'
'나도 한 번도 가지 못했던 해외여행을 해보자.'

계속해서 막연했던 꿈들이 떠오르고 인생이 설레기 시작했다. 정확한 방법도 모르겠고, 어떻게 해야 할지도 몰랐다. 하지만 믿음과 확신이 생겼다. 꿈이 생기니 행동력이 생겼다. 고통 속에서 변화를 꿈꾸게 되었다. 평범한 가정생활이었다면 지금처럼 생각할 수 있는 계기가 없었을 것이다. 많이 울었던 만큼 행동력과 결단력이 빨라졌다. 망설일 시간이 없었다. 그 당시 그것만이 답이었기 때문이다. 나를 바로잡을 수 있는 계기가 되는 동시에 결단력과 행동력이 높아졌다. 죽으라는 법은 없는지 그즈음 적금 만기가 되면서 1,000만 원 정도의 돈이 생겼다. 당시는 은행이율이 높아서 꽤 많은 이자가 추가로 들어왔다. 또한 직장을 그만두면서 꽤 큰 돈의 퇴직금도 생겼다. 그중 절반 이상을 보태 조금 더 편한 집으로 이사했다. 그리고 그동안 하지 못했던 꿈에 투자하기 위해 한국을 떠나기로 결심했다. 나의 환경과 능력을 생각했다면 떠나지 못했을 것이다. 마냥 착한 딸로서 가족에게 양보하며 돈만 벌었을 것이다.

더 늦기 전에, 더 잃기 전에 시작해야만 했다. 가슴이 시키는 대로 살아야 했다. 환경은 예전이나 지금이나 크게 달라진 것은 없었다. 단지 내가 바라보는 시선과 생각만 바뀌었을 뿐이다. 그 순간 모든 것이 변했고 나 또한 자유로울 수 있었다. 해외 생활이 생각보다 길어져 다양하고 많은 경험을 했다. 모든 것이 변하는 순간 내가 변했기에 지금의 내가 있다. 당신에게도 가슴이 떨리는 순간이 있을 것이다. 절대 망설이지 마라.

지금 내가 하고 싶다면 하는 것이다

인생의 기회는 무거운 짐처럼 다가온다. 그래서 대부분의 사람은 기회를 잃고 만다. 기회를 짐처럼 느끼지 않으려면 평소 다가오는 도전에 망설이면 안 된다. 그리고 인생을 즐겨야 한다. 그렇게 되면 모든 것이 기회가 된다. 내 인생은 해외를 다녀오면서부터 180도 바뀌었다. 타지에서의 어려움을 극복하는 방법을 배웠다. 새로운 일에 도전하며 자신감을 키우면서 또 다른 나를 만나고 발전할 수 있었다. 남들의 만류에 해외를 떠나지 않았다면 지금의 나는 없다. 새로운 환경에서 새로운 나를 만났다. 당시의 환경은 나에게 할 수 없다고 했지만 새로운 환경에서 나는 미래의 나를 만날 수 있었다. 이는 해외를 나가고자 하는 학생이나 지인들에게 내가 그것을 적극 추천하는 이유이다.

현재의 환경에는 과거의 습관과 마인드가 스며들어 있다. 새롭게 시작하기 힘들다. 새로울수록 두려움이 엄습해온다. 기회 또한 위기로 보인다. 지금 내가 힘들고 어려운 환경이라면 새로운 환경에서 새로운 세팅으로 시작하는 것도 좋은 경험이 된다.

30대에 가족 3대가 같이 크루즈 여행을 다녀오며 유튜브를 운영해보라는 조언을 받았다. 귀찮게만 느껴지고 영상 촬영은 전문가가 하는 것이라고 생각되었다. 기록만이라도 해보자는 생각으로 크루즈 여행 준비 과정부터 현지 촬영 등을 편집하여 유튜브 '권마담TV'로 소통했다. 많은 사람의 대리만족으로 영상은 24만 뷰를 돌파했다. 기회를 짐처럼 느끼는 순간 사고를 전환했고 가벼운 마음으로 즐기듯이 했다.

유튜브 영상들이 속속 대박을 치면서 출간 의뢰가 들어왔다. 바쁜 일상 속에 출간까지는 부담이 되었지만 기회라고 받아들였다. 출판사에서도 영상을 토대로 많은 협조를 해주었고 최고의 책이 탄생하게 되었다. 4개월간 인세로 500만 원가량을 벌었다. 또한 전국을 무대로 크루즈 여행 경험담을 들려줄 수 있었다. '권마담TV'를 통해 부산국제여행영화제 여행토크쇼에 강연자로 초청받았다. 이렇게 생각지도 못한 경험이 일생 일대의 기회가 되었다. 크루즈 여행 전문가가 된 것이다. 지금 생각해도 신기하고 설레는 일이다.

인생은 절대 계획대로 흘러가지 않는다. 기회를 잡는 것은 어떤 환경이 아니라, 나의 생각과 마인드로 결정된다. 우선 주어지는 모든 일을 기회로 받아들이고 도전해보자. 인생의 우선순위를 잘 정하면 된다. 세상은 멀티 플레이어를 원한다. 한 가지만 잘해도 되는 세상은 구시대이다. 새로운 미래에는 다양하게 잘하는 인재를 원한다. 그런 사람은 기회를 기회로 받아들일 확률이 높다. 준비된 사람이 되는 것이다.

더 나아지는 환경, 더 괜찮은 방법은 없다. 그냥 지금 내가 하고 싶다면 하는 것이다. 그 순간 온 우주가 나를 중심으로 움직인다. 당신이 변하지 않으면 삶도 변하지 않는다. 삶이 변하지 않으면 성공도 할 수 없다. 당신의 세계를 바꿔라. 과거에 조연으로 살았다면 현재는 주연으로 살아보자. 그것이 당신이 이 아름다운 지구별에 온 이유니까.

우리는 배와 같은 존재들이다. 인생이 척박하고 숱한 시련과
역경들이 기다리고 있더라도 꿈을 향해 힘차게 나아가야 한다.

– 김도사의 『기적수업』 중에서 –

12

성공의 기준은
내가 정하는 것이다

확실한 목표만 있다면 인생이 즐거워진다

직장인 5년 차였다. 불편함 없이 사는 대로 생각하며 살아온 평범한 직장인이었다. 문득 이대론 안 되겠다 싶어 생각한 것이 외국으로 나가는 것이었다. 한국이 아닌 외국이면 뭔가 다른 것이 있을 것 같다는 막연한 기대감이었다고나 할까. 그 선택이 내 인생 최고의 선택이 될 줄 그때는 몰랐다.

영어의 3인칭 단수도 몰랐던 내가 선택한 방법은 필리핀 어학연수와 연계된 호주 워킹홀리데이였다. 인터넷 검색을 하던 중 가장 저렴한 방법으로 해외를 다녀올 수 있다는 그 말 한마디에 도전을 결심했다. 멀쩡하게 잘 다니던 직장을 그만두고, 영어도 못하면서 연고도 없는 외국으로 간다는 말에 주변에서는 나를 미친 사람 취급했다.

몇 개월을 더 준비해서 드디어 모든 정리를 끝내고 떠났다. 역시 신선한 충격을 받았다. 해외 경험이 처음이었던 나는 출국부터 입국까지 긴장의 연속이었다. 비행기 옆자리에 앉은 중년의 외국인이 계속 영어로 말을 걸어왔는데 고향을 물어보는 말 외에는 알아들을 수가 없어서 그냥 연신 미소만 지었다. 그 미소가 잘 통했는지 그 외국인은 끝까지 나를 챙겨주며 연락처까지 주었다.

'아, 웃으면 되는구나. 세상 그렇게 어렵지 않네.'
'이제 시작이다. 다시 돌아오는 비행기에서는 미소보다는 내가 더 말을 많이 해야지!'

막연한 목표를 가지고 떠난 나는 비행기 안에서 정확한 목표가 생겼다. 영어를 잘해서 소통을 더 잘하면 재미있는 시간이 될 것 같았다.

워킹홀리데이로 오는 사람들은 돈도 벌면서 여행도 하고 외국인 친구도 사귀며 영어도 배우며 다양한 경험을 한다. 그런데 나는 여행이나 돈을 버는 것보다 영어 배우기를 선택하기로 했다. 그렇게 한 가지를 목표로 정하니 어떤 상황이 생겨도 결단력이 빨라졌다.

일단 영어를 사용할 수 있는 곳이라면 어떤 일이든 마다하지 않았다. 외국인들은 힘들다고 피하는 곳이 내가 갈 수 있는 유일한 곳이었다. 8시간 이상씩 서서 와인, 맥주 등 주류에 주문한 스티커를 붙이는 라벨링 작업을 했다. 같이 일하는 사람들이 외국인이라 하루 종일 영어로 소통하며 일했다. 영어가 늘고 있다는 생각에 일이 즐거웠다. 돈도 벌면서 영어로 소통하는 시간은 일석이조였다.

매일 영어 전자사전을 가지고 다니면서 모르는 단어를 받아쓰고 해석했다. 일상영어가 부쩍 늘었다. 3개월 이상 일하니 내가 가장 오래 일한 직원이 되었다. 호주는 여행을 목적으로 돈을 버는 사람들이 많아 주급단위의 급여가 주어진다. 보통 1주에서 1개월 정도면 다들 그만두고 모은 돈으로 다시 여행을 떠난다. 그러다 보니 나는 최고참이 되었다. 사장님에게 아이디어도 내는 등 업무에 더 애착을 가지게 되었다.

그런 노력에 대한 보상으로 추가 급여를 제공받았다. 외국인에게 지급하는 것은 최초라고 했다. 나는 영어도 배우고 돈도 벌 수 있는 것이 힘든 노동보다 더 가치가 있다고 느껴 무척 즐거웠다. 하지만 5개월 즈음에 그만두고 다른 일을 하게 되었다. 여기에서 배운 생활영어로 다른 곳에서 매니저급으로 승격을 해서 이직을 하게 되었다. 기회가 기회를 물고 왔다.

'이젠 나도 노랑머리들이랑 일을 한단 말이야?'
'내가 저 캐나다에서 온 녀석이랑 동등한 일을 한다니… 그리고 그만큼 월급을 벌다니!'

내가 묵고 있는 숙소는 배낭여행객들이 머물며 잠시 여행비용을 벌고 다시 떠나는 호스텔이었다. 여기에 머물던 나는 처음 시드니에 도착하는 여행객들을 만날 수 있었다. 반복된 영어 학습을 하기엔 최고였다.

마침 돈이 필요했던 터라 숙박비 면제 조건으로 간단한 청소 업무를 하고 있었는데 이제는 체크인/아웃과 호주 관련 여행 장소를 소개해주고 저녁에는 파티를 주최하는 데스크 업무를 하게 된 것이다.

마음속으로 그 자리에 앉으면 성공한 것이라고 생각했던 적이 있다. 그 자리는 항상 영어 생활권인 캐나다나 유럽 친구들의 자리였다. 나도 인정받고 싶었다. 하지만 늘 부족한 영어 실력이 문제였다. 그런데 드디어 나에게도 제안이 들어온 것이다.

사실 겁이 덜컥 났다. 그래도 도약을 위해 받아들이고 최선을 다해서 일을 배우며 열심히 일했다. 급여도 영어권 외국인 급여라 꽤 높았다. 친구들도 많이 사귀게 되었다. 처음과 다르게 주인공의 삶이 시작되었다.

〈ELLE〉지에서 '성공한 워홀러'로 인터뷰도 하게 되었다. 나를 닮고 싶다는 멘티들이 생겨났다. 워킹홀리데이 이야기를 기반으로 나의 20대 시절 다양한 경험담을 담은 『나는 워킹홀리데이로 인생의 모든 것을 배웠다』라는 저서를 출간했다.

이 책을 통해 다양한 청춘을 만날 수 있었다. 중·고·대학교에서부터 군대, 기업까지 비슷한 주제로 강연 요청이 쇄도했다. 주제는 도전과 꿈에 관한 것이었다. 남녀노소를 막론하고 가슴에 뜨거운 도전정신이 있다. 나의 강연을 통해 도전을 할 수 있었다면서 감사인사를 전해오는 독자나 청중을 만나면 나도 흐뭇해진다.

성공의 기준은 내가 정하면 된다

이메일을 통해 가장 많이 받는 질문은 외국에 나가야 할지, 스펙을 쌓아야 할지 등 자신의 미래에 대한 질문이다. 답은 이미 정해져 있다. 사실 자신은 이미 알고 있다. 단지 앞서나간 사람에게 도전에 대한 확신을 얻고 싶은 것뿐이다. 누구나 도전하며 열정적인 삶을 살고 싶어 한다.

나의 대답은 늘 한결같다. 가슴이 시키는 대로 하라고 조언한다. 후회 없는 인생을 살지 말라고 전한다. 하지 않은 것에 대한 후회보다 더 큰 후회가 있을까?

하고 싶으면 하는 것이다. 나머지는 멘토나 성공자의 조언에 따라 확신을 가지고 시작하면 된다. 확신이 있어야 눈부신 결과도 있다. 무언가를 할 때는 자신감이 전부다. 자신감 속에서는 사소한 실패를 실패로 여기지 못한다. 좌절이 좌절인 줄도 모르고 시간이 지나간다. 이러한 경험 속에서 배우는 지혜는 당신의 인생을 다채롭게 만들어준다.

나이가 많다고, 영어를 못한다고 외국 생활을 마다했다면 나는 여전히 만족하지 못하는 직장 생활을 하며 계속된 자기계발을 하고 있을 것이다. 생각만 해도 끔찍하다. 아무도 낭비된 시간을 보상해주지 않는다. 시간은 한정되어 있다.

기회는 갑자기 오는 것이다. 갑자기 오는 기회를 내 것으로 만들어 운명의 시계를 바꾸어야 한다. 그냥 가슴이 시키는 대로, 느끼는 대로 시작하라. 남의 인생이 아닌 나의 인생을 살 때만 결과를 떠나 후회 없는 인생을 살 수 있다.

　내가 선택한 결과는 나의 몫이다. 실패도 교훈이 되고 성공도 보장된다. 성공의 기준은 내가 정하면 된다. 하지 않는 것이 실패이지, 도전하는 것은 성공한 삶이다. 내가 아무것도 가진 것이 없지만 외국으로 떠난 것처럼 말이다. 이젠 당신 차례이다. 당신만의 성공 기준을 가지고 도전하라. 당신의 미래는 당신의 것이다.

"운명은 정해져 있다."라고 말하는 사람들의 공통점은 패배주의에 빠진
사람들이라는 것이다. 절대 그렇지 않다. 사람은 자신의 믿음대로 살아가게 된다.

- 김도사의 『기적수업』 중에서 -

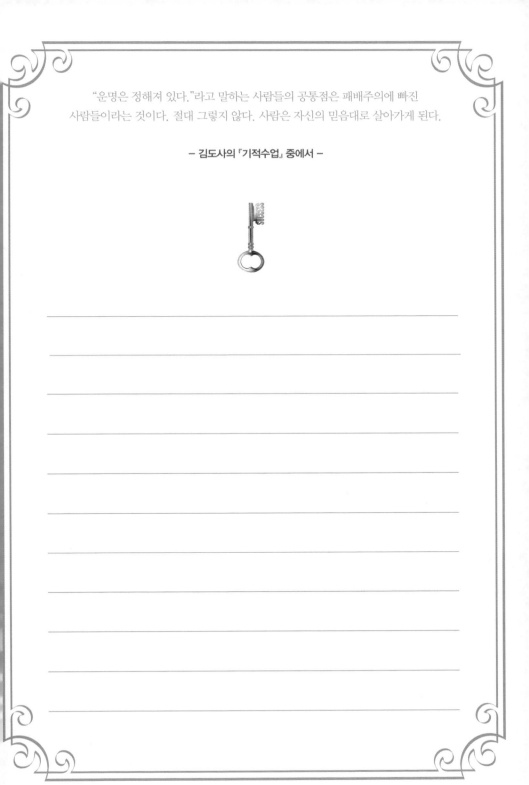

13

지금 하는 생각이
미래를 만든다

성공자에게 행동력은 필수이다

론다 번의 『시크릿』이라는 책과 영상이 유행했던 적이 있다. 현실에 만족하고 안주하며 사는 나에게 그 책은 굉장한 충격이었고 인생의 돌파구처럼 다가왔다.

'과연 나도 상상하면 이 환경에서 벗어날 수 있을까?'
'부럽다. 굉장하다. 멋지다.'

처음에는 상상하는 것도 힘들었다. 너무 동떨어진 이야기 같고 나의 옷이 아닌 듯했다. 내가 생각하는 미래가 명확하지 않으니 상상도 명확하지 못했다. 현재에 최선을 다하는 삶이 성공의 결과를 만든다고 생각했다. 명확한 미래가 없으니 현재에 안주하며 살고 있었다는 깨달음이 왔다. 말도 안 되는 신나는 상상을 해보기로 했다. 생각하는 것은 무조건 이루어질 것 같은 설렘이 다가왔다.

하지만 그것도 잠깐이었다. 시간이 차츰 흐르니 상상하는 일상도 무뎌졌다. 누구나 성공하고 싶고 크게 이루고 싶은 욕망이 있다. 내가 바라는 미래가 있느냐 없느냐의 차이로 현실이 굉장히 달라진다. 의식대로 현실이 만들어진다. 현재의 내 모습은 명확한 꿈이 없던 모습 그대로였다.

어느 날 헨리에트 앤 클라우저의 『종이 위의 기적, 쓰면 이루어진다』라는 책을 선물로 받았다. 제목을 보고 또 심장이 뛰기 시작했다. 이제는 제대로 된 노력을 해볼 차례였다. 2번의 실패를 겪지 않기 위해 나와 비슷한 생각을 하는 친구와 동생들을 모았다. 매일, 매주 우리의 노력을 기록했다. 서로 공유하며 지치지 않게 응원해주었다. 나와 같은 생각을 가진 사람들이 생각보다 많았다.

누군가의 시작으로 그 씨앗을 심는다. 포기하지 않고 열매를 맺느냐 아니냐의 차이일 뿐이다. 그렇게 한두 명으로 시작된 자기계발 모임이 수십 명이 되었다. 우리의 꿈이 강력한 힘을 발휘하게 된 것이다. 1년 정도 모임이 이어졌다. 내가 서울을 잠시 떠나면서 흩어지게 되었지만 모두 그때보다는 더 나은 삶을 살고 있으리라 확신한다.

우리는 생각대로 사는 삶을 현실로 만들기 위해 노력했다. 그리고 기뻤다. 즐거웠다. 늘 내가 맞이하고 싶은 미래를 생각하고, 그 미래에 확고한 신념을 가지니 행동을 하는 용기를 얻게 되었다. 습관이 되었고, 나만의 사고와 신념이 눈처럼 쌓였다. 주변에 영향력을 주는 삶을 살게 되었다. 높은 의식 수준이 만들어준 결과이다.

희망 없는 과거와 자연스럽게 점점 멀어졌다. 습관적으로 만나는 만남이 정리되었다. 버리고 싶던 습관들도 가지고 싶은 습관에 집중하니 없어졌다. 과거와 멀어지니 눈부신 미래가 더 보였다. 눈부신 미래에 오롯이 나를 맞추었다. 그렇게 된 나의 모습에 집중했다. 너무 설레고 멋진 내 모습이 보였다. 그것이야말로 내가 꼭 이루어야 하는 비전이었다.

행동력은 성공자에게는 필수 정신이다. 그들이 일군 삶은 누구나 따라 할 수 있는 삶은 아니지만, 그 정신은 배울 수 있다. 배우다 보면 행동이 앞서게 되고, 비슷한 사고방식을 가지게 된다. 그런 마음으로 하루를 살다 보면 세상의 중심에서 움직이는 나를 만날 수 있다. 그런 인생이야말로 내가 살고 싶었던 후회 없는 삶이다. 당신도 죽기 전에 미친 듯이 자신의 감정에 충실하고 행동하고 결과를 내는 '또라이'가 되어보길 바란다. 아주 특별한 경험을 하게 될 것이다.

모든 것은 당신의 의식이 결정한다

의식이 지금의 현실을 만든다. 지금 당장 의식 수준을 높여라. 의식 수준이 높아지는 것만으로 만나는 사람이 달라진다. 보는 세상이 달라진다. 혼자가 힘들다면 같은 목표가 있는 사람들과 함께하라. 또한 한 분야의 성공자를 찾아서 묻고 또 물어라. 의식 수준이 높은 사람이라면 기꺼이 당신을 도울 것이다. 그들이 하는 한 마디는 친구가 해주는 열 마디보다 낫다. 성공자들은 성공자의 수준의 의식세계가 있다. 그 의식세계를 배우면 당신도 아주 쉽게 성공자가 될 수 있다.

학교에서 가르쳐주지 않는 부와 성공의 기술을 배워야 한다. 직장인이 되기 위한 기술을 배우는 학교는 더 이상 당신의 성공을 보장하지 않는다. 의식 수준을 높여서 내 안의 거인을 깨워야 한다. 마인드 변화를 통해 삶에서 더 큰 성취를 이루는 권마담의 공식카페 '한국석세스라이프스쿨'이 있다. 부와 성공의 기술을 알려주고 서로 자신의 꿈을 공유하는 곳이다. 부와 성공의 기술을 공부함으로써 우리는 세상을 다른 시각으로 본다. 과거의 선입견, 고정관념을 타파한다. 나다움의 기술을 배우고 연습한다. 쓰러질지라도 다시 일어설 수 있는 환경을 만든다. 그래서 절대 쓰러지지 않는다. 다시 꿈을 꾸고, 다시 크게 생각한다. '다시' 할 수 있는 힘이면 당신이 생각하는 미래는 곧 현실이 된다.

언제나 뒤는 돌아보지 말고 '다시'를 외치며 하루하루 나아가라. 의식 수준이 현재를 결정한다. 당신이 바꾸지 못한 인생 10년을 1년 안에 바꿀 수 있다. 모든 것은 당신의 의식이 결정한다. 이제껏 인생이 크게 달라지지 않았다면 도전하라. 그리고 행동하라.

이제 나는 간절히 원하면 온 우주가 나를 중심으로 움직인다는 것을 믿는다. 이런 울림과 다짐들이 지금의 나를 행복하게 만들고 성장하고 노력하게 만든다. 그 정신이 너무 좋다. 내가 배운 정신을 나누기 위해 유튜브 '권마담TV'를 운영 중이다. 당신의 의식 수준을 높이는 데 큰 도움이 될 것이다. 매일 듣고 말하고 의식을 깨우는 것에 모든 것을 걸어라.

내 주변에는 나처럼 확신에 차고 자신감이 넘치는 사람들이 많다. 자신감이 기회를 부른다. 사람은 환경의 지배를 받는 동물이다. 지금 나아지는 삶을 살고 있지 않다면 당신의 미래도 나아지지 않는다. 당신의 의식을 바꾸고 그 환경에서 살아가보자. 그것이 당신이 이 지구별에 온 목적이니까.

나는 오늘도 눈부신 미래를 위해 살 것이다. 살짝 미치면 사는 게 즐겁다. 오늘도 나는 외친다.

"나는 1,000억 현금을 가진 자산가다!"
"나는 오늘도 풍요롭다!"
"대한민국 최초 자기계발센터가 건립된다!"
"나는 영향력 있는 동기부여가다!"

미래를 바꾸는 간단한 공식은 생각을 바꾸는 것이다.
원하지 않는 것에서 시선을 거두고 원하는 것에만 집중하는 것이다.

– 김도사의 『기적수업』 중에서 –

14

가난한 사람에게 필요한 것은
자선이 아니라 자극이다

가난한 마인드가 돈과 나를 멀어지게 한다

나는 돈이라는 것을 통해 가난을 배웠다. 어릴 적 나에게 돈은 무서운 것이었다. 돈으로 할 수 있는 것이 한정되었고, 돈 때문에 가족 간에 불화가 생겼다.

가난으로 인해 상업고등학교를 진학했다. 졸업 후 바로 취업을 했다. 돈이 필요했다. 항상 부족한 집에서 생활을 하니 미래가 두려웠다. 두려움이 나를 성공의 길로 움직이게 하는 원동력이 되었지만 당시에는 몹시 힘들었다.

고통스러운 날들이 더 많았다. 언제나 막연한 미래를 보며 저축을 해야 했고, 생활비를 지원해야 했다. 크게 달라지는 것도 없었다. 그냥 하루하루 살아갈 뿐이었다. 그렇게 무난한 직장인으로 만족하면서 지냈다. 목표라고는 오직 돈을 버는 것이었으니 사실 나는 꿈을 이룬 것이다.

가난하면 미래에 대한 욕망이 적어진다. 쓰는 것이 즐겁기보단 두렵고 무섭다. 부를 이룬 사람들의 이야기는 남의 이야기가 된다. 그것은 그저 하나의 꿈일 뿐, 현실은 불가능하다는 생각으로 가득하다. 그냥 부럽기만 하다. 무일푼에서 불과 2년 반 만에 백만장자가 된 세계적인 멘토 하브 에커는 저서 『백만장자 시크릿』에서 이렇게 말했다.

"부자가 되려는 것은 생물학적 배경에서 비롯한 인간의 욕망이고 사람들은 부자가 되기 위해 노력하지만 대부분의 사람이 얼마 지나지 않아 원래의 상태로 되돌아간다는 것에 의문을 품었다. 돈과 무의식, 즉 부를 이루는 심리 과정을 발견해냈다."

나의 가난한 사고와 내면의 깊은 생각이 문제였다. 현실만 탓하고 어쩔 수 없이 주어진 환경에 만족하며 원래의 상태로 돌아갔다. 모든 문제는 나의 마인드에 있었다. 돈과 무의식의 관계, 즉 부를 이루는 심리 과정을 알게 되었다. 어릴 적 과거 경험이 나를 가난한 마인드로 만들었던 것이다. 가히 충격적이었다.

나는 부자를 부러워하면서 그들처럼 살고 싶다는 생각과 꿈이 있었다. 하지만 돈에 대한 부정적인 생각이 무의식에 깔려 있었다. 돈이 가정불화의 원인이었으므로 자연스럽게 부정적으로 여기게 된 것이다. 의식과 무의식은 다르다. 의식은 돈을 좋아한다고 하지만 무의식은 돈을 부정하고 있었다.

돈에 대한 정의부터 바꿔라

과거를 돌아보고 돈과 나의 무의식과 관계를 알게 되니 모든 게 쉬워졌다. 마음도 홀가분해졌다. 과거를 바탕으로 한 돈에 대한 청사진을 바꿔야 했다. 나는 미래에 나를 맞추고 돈의 청사진을 바꾸었다. 돈의 정의를 무의식 측면에서 긍정적으로 바꿔야 했다. 돈 공부를 위해 부에 관한 저서를 닥치는 대로 읽었다. 답은 하나같이 단순했다.

"가난한 마인드에서 부의 마인드로 갈아타라."
"부에도 공식이 있다."
"돈 쓰는 것을 즐겨라."

생각지도 못한 접근법으로 나는 이제 소위 '돈, 돈' 하는 사람이 되었다. 돈에 대한 부정적인 정의부터 바꾸었다.

"돈, 돈 하는 사람은 이기적이야." → "돈, 돈 하는 사람은 베풀 여유가 있는 사람이야."
"돈, 돈 하는 사람은 자기밖에 몰라." → "돈, 돈 하는 사람은 가족과 주변을 생각할 수 있는 사람이야."
"돈, 돈 하는 사람은 나쁜 영향을 주는 사람이야." → "돈, 돈 하는 사람은 자유와 행복을 만끽할 수 있는 사람이야."

돈은 우리에게 자유와 행복을 준다. 그리고 여유를 준다. 여유를 가지면 다양한 기회를 결과로 만들 수 있다. 행동력이 높아진다. 성공 확률도 당연히 높다. 생각만 하는 사람과 행동하는 사람들은 인생의 농도가 다르다. 인생의 농도가 더 짙어질수록 행복의 농도도 짙어진다.

그것의 반복으로 돈과 행복은 떼려야 뗄 수 없다는 결론을 내렸다. 누군가를 돕더라도 이왕이면 더 크게 도울 수 있다. 내가 행복해진다. 그리고 가까이 있는 가족이 행복해진다. 더 나아가 세상이 행복해진다. 비로소 나다움으로 살아갈 수 있다. 행복은 생각보다 가까이에 있었다. 나는 돈에 대한 정의를 바꾸고 모든 버킷리스트를 재설정했다.

평생 1억 원 모으기 → 10억 자산가 되기

조그마한 빌라 집 사기 → 50평 이상 아파트 구입하기

국산차 구입하기 → 벤츠 구입하기

아끼면서 살기 → 나에게 먼저 투자하기

지금의 나는 어떻게 되었을까? 당신이 생각하는 대로다. 꿈을 더 크게 설정하면서 나의 행동력이 높아졌다. 현재의 없는 나를 보는 것이 아니라, 미래의 나를 보게 되었다. '할 수 없다'에서 '할 수 있다'로 바뀌었다. 생각보다 행동력이 높아졌다.

결과는 빠르게 돌아왔다. 온전히 선택과 집중, 몰입이 되었다. 집에 들어갈 생활비도 독하게 나를 위해 투자했다. 못된 자식이라는 소리도 들었다. 그래도 꿋꿋이 나답게 나아갔다.

독하게 하니 단기간에 결과가 왔다. 작가가 되어 인세를 받고, 강연가가 되어 강연 수입이 쏟아지고, 1인 기업가가 되어 컨설팅료를 받았다. 칼럼니스트가 되어 칼럼료를 받으며 수익은 몇 배로 늘었다.

지금은 친정에 예전 생활비의 몇 배를 드리고 있다. 그때 잠시 힘들었지만 지금은 더 크게 해드릴 수 있어서 행복하다.

가난한 사람에게 필요한 것은 자선이 아니라 자극이다

이제는 자신을 위한 인생에 부지런할 때이다. 지식창업시대가 왔다. 자신만의 지식과 경험을 무기로 하고, 그 무기로 전쟁터에 나가야 한다. 강력한 무기만 있다면 당신도 기하급수적으로 돈을 벌고, 풍요로운 인생의 티켓을 가질 수 있다. 강력한 무기를 갖기 위해 자신을 위한 투자를 먼저 해야 한다.

당신이 더 나은 삶을 살 수 있다는 믿음이 있다면 대출을 받든 적금을 깨든 미래를 위해 과감히 투자하라. 현재의 내가 달라진다면 미래는 보장된다. 지금 당장 하고 싶은 것, 잘할 수 있는 것에 도전하고 투자를 즐겨라. 그 즐거움만이 당신에게 강력한 무기를 가질 수 있는 기회를 준다.

20대 초반, 적금 만기를 기다리지 않고 중간에 해약하여 나를 위한 투자를 먼저 했다면 나는 지금보다 3~5년의 시간을 단축했을 것이다. 더 빨리 풍요로운 행복한 삶을 깨달았을 것이다.

그래서 나는 지금도 책을 쓴다. 나를 통해 다른 사람들이 시간과 세월을 아끼고 자신을 위한 투자에 돈을 쓰는 것을 즐기길 원한다. 휠체어 탄 나이 든 부자가 아니라 젊은 부자가 되기를 소망한다.

가난한 사람에게 필요한 것은 자선이 아니다. 강력한 자극이다. 당신에게 자극을 주고 그 자극으로 당신의 삶이 변하길 원한다. 다른 삶을 원한다면 지금부터 다른 선택을 하면 된다.

당신도 '가치에 맞는 돈도 벌며' 경험과 지식을 나누는 백만장자 메신저가 될 수 있다. 내가 가장 먼저 실행한 것은 돈에 대한 정의를 바꾸는 일이었다. 긍정적인 정의를 하면 긍정적인 결과가 나온다. 집중과 선택, 몰입을 방향에 맞게 제대로 할 수 있다. 기하급수적으로 돈을 벌 수 있다는 것을 나는 책과 경험으로 배웠다.

돈이 넘쳐야 진정한 기회를 살 수 있고, 시간과 세월을 벌 수 있다. 기회와 시간을 통해 복리의 세월을 앞당길 수 있다. 지금은 젊은 나이에 내가 원하는 인테리어로 꾸민 100평대 펜트하우스와 외제차, 명품 등 모든 것을 이루었다. 그것 또한 누군가에게 동기부여가 되고 있다. 그리고 사람들은 나를 다르게 보기 시작했다. 만나는 사람이 달라졌다. 내가 주체가 되는 삶을 살게 되었다.

당신의 삶도 나의 삶도 소중한 선물이다. 그러므로 당신이 꿈꾸어왔던 삶을 살기를 바란다. 그것이 모두가 행복해지는 가장 빠른 추월차선임을 잊지 말자.

성공 스토리를 많이 읽어라.
단기간에 성공할 수 있는 효과적인 비결이다.

– 김도사의 『기적수업』 중에서 –

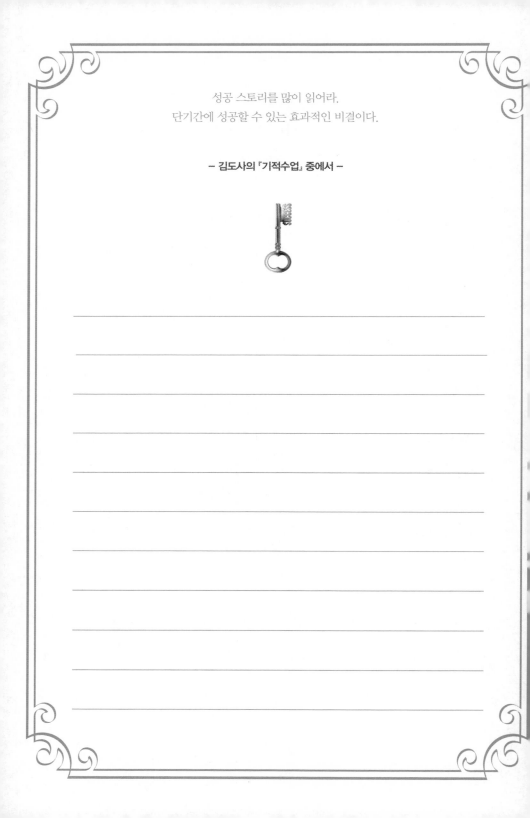

15

꿈을 현실로 만드는
스타벅스 놀이

요즘 스타벅스에는 다양한 부류의 사람들이 있다. 시험 준비를 하는 사람, 수다를 떠는 사람, 책을 읽는 사람 등 많은 사람들이 스타벅스를 이용한다.

같은 상권인데 스타벅스에만 유독 사람이 많아서 자리를 기다리거나 그냥 돌아가게 된다. 왜 같은 카페인데 스타벅스만 유독 잘되는 것일까?

첫째, 스타벅스는 특별회원 제도가 있다.
둘째, 스타벅스만의 독특한 인테리어가 있다.
셋째, 집중하기에 최적의 환경이다.

카페에서 공부하는 사람들은 같은 카페여도 이상하게 스타벅스가 집중이 더 잘된다고 한다. 그것이 스타벅스를 세운 하워드 슐처의 소명과 비전이 담겨 있기 때문이다. 장사를 하기 위한 곳이 아니라 커피와 비즈니스에 대한 자부심을 시작으로 모든 게 세심하게 연결되어 있다. 그리고 그의 버킷리스트대로 세계의 무대를 장악했다.

스타벅스에서 버킷리스트를 써보자. 인생의 방향과 목적을 정해보자. 가슴을 뛰게 하는 버킷리스트가 있는 사람과 없는 사람의 하루하루는 다르다. 인생은 흐르는 강물과 같다. 아무런 목적 없이 살다 보면 자신도 모르게 후회하는 인생을 살게 된다.

누구나 평범함을 넘어 특별한 삶을 살 권리가 있다. 당신도 특별한 존재이다. 자신만 그것을 잊지 않으면 된다. 계획된 삶으로 오늘 하루도 가장 나답게 뜨거운 하루를 보내길 바란다.

현재 나는 작가, 강연가, 1인 기업가가 되어 전국을 무대로 강연, 컨설팅을 하고 있다. 평범한 직장인에서 특별한 기업가가 되었다.

얼마 전 스타벅스 이야기가 담긴 나의 첫 저서 『당신은 드림워커입니까』를 읽은 독자로부터 이메일을 받았다. 지방에 사는 그녀는 내가 자주

가는 스타벅스가 어딘지를 물으며 나를 만나고 싶다고 했다. 이렇게 이제는 독자들이 나를 찾아온다.

나는 스타벅스에서 '무조건 되는 힘'을 배웠다

나의 버킷리스트 중 하나는 스타벅스가 있는 건물의 주인이 되는 것이다. 우연일까? 그 꿈은 현재 계획에 맞추어 진행 중이다. 몇 년 전 좋은 기회로 제주도에 땅을 사게 되었고 그 땅에 입점 의뢰를 했다. 해외에 나가 있을 때였는데 스타벅스 입점 담당자로부터 전화가 왔다.

"죄송합니다만, 불과 2개월 전에 동일 상권에 스타벅스가 생겼습니다. 당분간은 추가 입점 계획이 없습니다."
"연락 주셔서 감사합니다. 저는 책을 쓰는 작가입니다. 스타벅스에 관한 이야기도 썼습니다. 스타벅스 입점은 저의 꿈입니다. 추가 입점 계획이 생기면 가장 먼저 연락을 받아보고 싶습니다. 꼭 연락주십시오."
"네, 알겠습니다. 감사합니다."

혹시나 하는 마음에 보냈던 제의라 빠른 답변은 생각지도 못했던 일인데 연락이 왔다. 처음엔 연락 온 자체가 신기했다. 결과는 좋지 않지만 나는 포기하지 않았다. 실패자는 안 되는 이유만 찾지만 성공자는 되는 이유만 찾는다.

나의 버킷리스트이자 꿈이기에 당당하게 답변을 보낼 수 있었다. 안 된다고 포기할 것이 아니라, 기회를 기회로 보았던 것이다. 스타벅스가 잘되면 동일 상권에 여러 개의 스타벅스가 생기는 것을 보았기 때문이다. 나는 안 된다고 생각하지 않는다.

그것을 계기로 이제는 스타벅스를 세울 수 있는 땅을 찾고 정보를 얻는다. 그리고 미리 입점 제의를 해서 자리를 알아본다.

무조건 된다고 생각하니 이런저런 아이디어가 생기고, 주변에서도 많은 정보를 준다. 본의 아니게 부동산 공부도 하게 되었다. 그것이 꿈의 힘이다. 비전의 힘이다. 스타벅스로 매일 출근했더니 무조건 되는 힘을 배웠다. 나도 언젠가는 스타벅스가 있는 건물주가 될 것이다.

나는 직업상 많은 사람들을 만난다. 그들 중에 스타벅스 마니아가 정말 많다. 그리고 나 같은 꿈을 가진 사람들도 아주 많다. 누군가에게는 그냥 헛된 꿈일지라도 누군가에게는 이룰 수 있는 꿈이 된다. 내가 스타벅스에서 자기계발을 하며 배운 가장 큰 교훈이다.

일명 스타벅스 놀이는 20대 후반에 시작되었다. 스타벅스에 가면 된장 녀라고 불리던 시절 입문(?)하여 꿈을 꾸었다. 혼자만의 꿈이 아니라 모두의 꿈을 꾸었다. 출근 전과 퇴근 후, 그리고 휴일까지 함께 스타벅스에서 보냈다. 출근 전에는 새벽 첫 수업 영어 학원을 마치고 남는 시간에 독서를 하며 나의 미래를 그려나갔다. 출근 후에는 꿈을 디자인하는 시간을 가지며 독서나 공부를 했다.

본격적인 휴일에는 꿈 친구들이 모여 함께 버킷리스트도 공유하고 꿈을 공유하며 둘도 없는 낭만적인 시간을 보냈다. 백지에 다양한 물감으로 물든 나만의 그림이 완성되고 있었다. 행동을 하면 된다.

일단 해보라. 자신을 위한 커피 한잔의 여유도 없다면, 평생 자신을 위한 인생을 살지 못한다. 매일 바쁘게 다람쥐 쳇바퀴 돌듯 살려고 당신이 태어난 것은 아니다. 누구나 화려한 꽃처럼 예쁘고 멋있게 살 의무가 있다.

처음에 내가 스타벅스 놀이를 함께했을 땐, 다들 부끄러워했다. 큰 그림을 그린다는 것에 어색해했고, 작은 그림을 그리는 것을 어려워했다. 그것이 우리 자신에게 충격이었다. 하지만 혼자보다 여럿이 함께할 때 그 꿈은 더 크게 이루어지는 법이다.

지금의 삶을 바꾸는 방법은 나 자신의 행동과 생각에 있다

빨리 가려면 혼자 가고, 멀리 가려면 함께 가야 한다. 기나긴 인생 멀리 함께 가봐야 한다. 더 재미있고 유쾌한 나의 멋진 인생을 위해서 말이다. 서로를 응원해주고 믿어주는 것만큼 큰 사랑은 없다. 온전한 믿음만 있다면 누구나 크게 성공할 수 있다. 당신도 사랑받을 자격이 있다.

첫째, 출근 전 1시간을 활용하라.

둘째, 퇴근 후 2시간을 활용하라.

셋째, 휴일에는 무조건 스타벅스에 가라.

당신의 꿈이 어색하지 않고 점점 익숙해질 것이다. 익숙해지는 만큼 꿈은 가까이에 와있다. 꿈을 이루는 것은 쉽다. 어색해서 어렵게 느껴질 뿐이다. 그 어색함을 먼저 지우고 친숙해지길 바란다. 더 나아가 자신의 그런 경험과 지식을 나누고 함께 나아간다면 더 쉬운 꿈이 될 것이다. 누군가는 당신의 응원을 기다리고 있다.

자주 자신에게 자신감을 심어주고 용기를 주는 연극을 하자. 연극 대본은 자신이 직접 쓰는 것이다. 그 대본 속의 나처럼 스타벅스 놀이를 하면 된다. 그런 상상과 감정들이 생생하게 상상하면 그것은 곧 현실이 된다. 지금의 삶을 바꾸는 방법은 타인이 아닌 나 자신의 행동과 생각에 있다. 세상을 탓하지 말고 나를 탓하는 시간을 위해 스타벅스 놀이를 시작하자.

어렵지 않다. 그냥 커피 한잔의 여유를 자신에게 주는 것이다. 그 정도 시간도 자신에게 투자할 수 없다면, 그것은 당신의 인생이 아니다. 다른 누군가에게 지배당하는 노예인 것이다. 누군가는 자신만의 삶을 찾기 위해 노력을 먼저 한다는 것을 기억하라. 성공한 사람들이 그냥 성공한 것이 아니다. 그들도 작은 노력부터 시작했다.

가장 용기 있는 사람은 자신이 가지고 있는 아픔과
힘든 과거를 뒤로하고 희망과 꿈을 위해 사는 것이다.

- 김도사의 『기적수업』 중에서 -

16

꿈을 이루는 데는
제한 시간이 없다

20대 중반이 되어서야 제대로 된 자기계발을 시작한 나는 공부며 독서며 닥치는 대로 밤잠을 줄여가며 열중했다. 공부에 집중하기 위해 부산에서 서울로 무작정 올라왔다. 필리핀 어학연수 시절에 만났던 친구가 서울에서 원룸에 살고 있었다. 함께 살아도 좋다는 친구의 말에 고시원이 아닌 원룸에서 서울 유학생활(?)을 시작했다.

서울에서 오래 살았던 친구는 매일 아침 어디론가 나가서 공부를 하고 왔다. 나는 매일 집에서 공부를 했다. 어느 날 친구가 함께 나가자며 나를 데리고 간 곳이 스타벅스였다. 사실 처음 한국에 스타벅스가 들어섰을 때는 부정적인 말들이 많았다.

"스타벅스 커피를 먹는 애들은 된장녀야."

"밥값보다 더 비싼데 먹는 사람들이 저렇게 많아."

"스타벅스 커피는 사치야."

나같이 자취 생활을 하면서 일이며, 학업이며, 집안 생활비며 모든 것을 충당하는 사람들에게는 그 말이 누구보다 크게 다가왔다. 그런데 그곳에 내가 가게 된 것이다. 사람들은 줄을 서서 당시 밥값보다 비싼 커피를 주문하고 '그란데', '벤티'라고 불리는 큰 사이즈의 커피를 받아 들고 나갔다.

나는 처음 들어보는 용어에 당황해서 '저렇게 대용량의 커피를 매일 마시는 사람도 있네. 대단하다.'라고 생각했다. 스타벅스의 주문 용어와 보이는 것들 자체가 생소하고 어색했다. 커피를 마시지 않던 나는 룸메이트가 시켜 준 허브티를 마셨다. 커피전문점인 스타벅스에서 차를 판다는 것도 신기했다. 룸메이트가 주문한 '카라멜 마끼아또'도 시음해보았다. 이것이 스타벅스와 나의 첫 만남이었다.

우리는 곧장 4층으로 올라갔다. 이 돈이면 맥도날드에서 점심을 먹을 수 있을 텐데, 생각하며 내심 속으로 아까웠지만 티는 내지 않고 최대한 자연스럽게 행동했다. 자리에 앉아서 대화나 나눌 심산이었는데, 룸메이트가 아무렇지 않게 책을 꺼내 읽으며 여유로움을 만끽하는 것이 아닌가. 나도 어색하게 책을 꺼낸 뒤 눈치를 보며 주변을 둘러보았다. 다소 충격적인 장면이 펼쳐졌다.

'아니, 뭐야? 여기가 도서관이야?'라는 생각이 드는 분위기였다. 음악이 흘러나오고 대화를 자유롭게 할 수 있다는 것을 빼곤 정말 내가 아는 도서관 분위기였다. 바로 옆에서는 외국인과 영어 공부가 한참이었고 맞은편에서는 대학생으로 보이는 학생들의 과제 토론이 한참 이어졌다. 또 다른 곳에서는 혼자 책에 열중하는 등 다들 자기만의 공부를 하고 있었다.

스타벅스가 누군가에게는 커피를 마시는 곳이라면, 그들에게는 공부를 위한 자기계발을 하는 곳이었다. 그제야 나도 눈치를 보지 않고 당당히 노트북을 켜고, 공부하고 책을 읽기 시작했다. 그렇게 시간이 가는 줄도 모르고 몰입하다 보니 어느새 2시간이 훌쩍 지나갔다.

우리는 아무런 대화도 없이 각자의 공부에 집중하며 시간을 보냈다. 물론 주변 사람들도 그대로였다. '아, 커피값보다 더 소중한 무언가가 있는 곳이구나.'라는 생각이 들었다. 커피값을 아까워했던 나 자신이 조금은 부끄러웠다. 그렇게 2시간여를 더 보내고, 우리는 나와서 저녁을 먹고 집으로 귀가했다.

스타벅스와의 첫 만남은 나에게 신선하고 새로운 문화 충격을 주었다. 그 후론 매일 스타벅스로 출근하며 남들이 말하는 속칭 '된장녀'가 되었다. 월급이 한정적인 터라, 다소 무리일 수 있으나 지출경비의 우선순위를 밥값에서 커피값으로 바꾸니 다 해결되었다. 커피값으로 공부를 하고 책을 읽었다. 자기계발을 멋있게 할 수 있다는 것은 밥을 안 먹어도 배부른 성취감과 희열을 주었다.

나는 스타벅스에서 진정한 나를 알게 되었다

사람들은 시작도 해보지 않고 지레 겁부터 먹는다. 막상 해보면 별 일 아닌 것들이 많다. 그래서 생각보다는 행동을 해야 한다. 남의 이야기를 듣고 판단할 것이 아니라, 자신이 직접 경험해보고 자신의 판단으로 인생을 살아야 한다. 한 번뿐인 인생을 주도적으로 산다면, 분명 지금보다는 나아질 것이다. 그리고 더 크게 발전할 것이다.

한때는 '된장녀'들만 간다는 오명을 얻었던 스타벅스는 이제 누구나 쉽게 찾는 곳이 되었다. 직장인들은 식사 후 커피를 마신다. 내가 글을 쓰고 있는 지금도 스타벅스에는 자리가 없을 정도로 사람이 많다. 단순히 수다를 떠는 공간이 아니라, 이제는 자기계발을 하는 곳으로 자리를 잡고 있다.

커피 한잔이 뭐 대수냐 하는 사람들도 있다. 요즘 같이 바쁜 일상 속에서 가장 필요한 일을 꼽으라고 하면 나는 '커피 한잔의 여유'라고 한다. 슈퍼맘이 되어야 하고 투잡을 하는 가장이 되어야 하는 요즘같이 바쁜 일상에서는 꼭 필요한 일이다. 의무적으로라도 카페에 가지 않으면 나만의 시간을 확보할 수 없다. 항상 우선순위에 밀려나는 일이기 때문이다.

20대에 스타벅스를 만난 이후로 나의 첫 번째 소망이 생겼다. 출근 시간에 구애받지 않고 하루 종일 카페에 있는 날이 있으면 좋겠다는 바람이었다. 나는 휴가 중에도 친구를 만나는 대신 혼자 카페에 가서 자기계발을 했다. 이러한 시간들이 모여 지금의 나를 있게 만들었다. 혼자 가는 문화가 당연시 되는 요즘은 더욱더 가치 있는 시간이 된다. 매일 책을 읽고 사색을 하고 성장을 하고 계획을 세운다. 나를 만나는 시간을 가진다.

내가 원하는 것이 무엇인지 내가 무엇을 좋아하는지 등을 카페에서 시간을 보내며 알게 되었다. 이른 나이에 남들이 말하는 성공이라는 결과를 다 이루었다. 20대에 책읽기와 책 쓰기를 시작해 작가, 강연가, 코치,

사업가가 되었고 30대에 자수성가한 백만장자가 되었다.

나는 스타벅스에서 꿈을 꾸면서 인생의 터닝 포인트를 맞이했고, 지금도 스타벅스에서 이 책을 쓰고 있다. 당신이 가난하든 부자든 상관없다. 스타벅스에 앉아서 책을 읽고 책을 쓰고 있는 그 순간은 누구나 평등하게 자신의 미래를 위해 꿈꿀 수 있다. 바쁜 직장인들 중에는 '커피 한잔의 여유'가 꿈인 사람들도 있다. 한편 디지털 노마드에겐 자신만의 작업공간이 되어주는 곳이기도 하다.

어떤 장소에서 어떤 행동을 하건, 자신만의 공간을 찾아 오늘도 자신의 생각으로 하루를 살아보자. 더없이 멋있는 나를 마주하게 될 것이다. 그것이 곧 당신의 미래가 되며, 누군가의 롤 모델이 된다.

자신이 꿈꾸는 것이 실현되기까지
버퍼링 시간이 걸린다는 것을 기억하라.

- 김도사의 『기적수업』 중에서 -

17

하루 1시간,
성공자의 마인드를 배워라

"권 대리, 좋은 일 있어? 얼굴이 좋아 보인다."
"동희야. 유독 오늘따라 활기차 보이는데?"

스타벅스에서 자기계발서를 읽고 출근한 날이다. 나를 위한 시간을 보내고 하루의 계획을 세우고 아침을 시작했다. 남의 중심이 아닌 나를 중심으로 하루가 돌아간다. 인생의 주인공이 된 기분이다. 일도 잘 풀린다.

직장생활을 할 때는 출근 전에 무언가를 하지 않으면 도태되는 느낌이 들었다. 스스로 안주하는 느낌이 싫었다. 다른 직장인들과 차별화되기 위해, 조금 더 나은 삶을 위해 공부했다. 하지만 그들보다 조금 더 부지런할 뿐 실질적으로 달라지는 것은 없었다. 직장에서 나는 그저 또 하나의 승진 대상일 뿐, 그 이상도 그 이하도 아니었다. 나를 위한 공부인 줄 알았는데, 남을 위한 공부였던 것이다.

자신을 위한 공부를 해야 한다. 그런 사람의 하루는 시작부터 다르다. 언제나 활기차고 자신감이 넘친다. 매일 아침 스타벅스에서 자기계발서를 읽으며 성공자의 마인드를 배워라. 성공자들은 크게 생각하는 법을 알려준다. 우리의 가능성을 깨워준다.

남을 위한 공부를 하는 사람은 한계를 먼저 배운다. 자신감을 떨어뜨린다. 온리원이 아닌 넘버원이 되어야 한다고 말한다. 늘 주변과의 경쟁에서 이기기 위해 살아야 한다.

자기계발서를 읽는 나는 주변과 경쟁하며 살지 않는다. 오직 어제의 나와 경쟁한다. 크게 생각하고, 가능성이 무한한 나를 위해 온리원으로 살아간다. 매일 크게 생각하고, 자신감을 키운다. 당신도 달라질 수 있다. 매일 자기계발서를 읽으면서 깨달은 것이 있다.

첫째, 정상에서 시작할 수 있다.
둘째, 크게 생각하면 크게 이룬다.

셋째, 지금 당장 저질러야 한다.

나는 매일 정상에서 시작한다. 나는 직장을 그만두고, 예쁜 삼각별이 달린 벤츠를 샀다. 그런 나를 보고 친구들이 말했다.

"너 미쳤냐? 어떻게 하려고 그래?"
"책 써서 돈 많이 벌었나 봐?"

나는 정상에서 시작할 수 있다는 것을 배웠다. 지금부터 벤츠를 타야 벤츠 이상을 볼 수 있다. 벤츠를 타고 강연을 가고, 사업을 하는 나는 이미 정상에서 시작할 수 있었다. 사람들이 나에게 더 많은 돈을 지불하고 강연을 들었고, 사업도 더 번창하게 되었다. 젊음마저 스펙이 되었다.

"작가님, 젊은 나이에 크게 성공하셨네요."
"대표님처럼 되려면 어떻게 해야 하나요?"

질문들이 쏟아졌다. 외부 강연에서나 코칭에서나 사람들은 나를 성공자의 상징인 벤츠만큼 대우해주었다.

당신도 지금부터 정상에서 시작하는 법을 배워야 한다.

가슴이 내 인생의 GPS다

시간과 세월을 단축해야 한다. 끝일 것 같은 정상도 올라가 보면 또 다른 넘어야 하는 산이 있다. 벤츠를 타보니 더 좋은 차들이 많다는 것을 알았다. 내 주위에는 BMW, 포르쉐, 람보르기니, 페라리를 타는 사람들도 많다.

나는 현재 수준에서 생각하는 미래만 이루면 성공이라고 생각했다. 내가 수준이 높아질수록 만나는 사람이 바뀌었다. 바뀌는 사람들의 환경과 생각을 배우기 시작했다. 나는 다시 시작해야 했다.

환경이 바뀔 때마다 배우는 수준이 완전히 달랐다. 내가 생각지도 못했던 경험과 깨달음을 전달받았다. 부에 관한 것뿐만이 아니라 그들의 사고방식과 그들이 사는 법 말이다. 그동안은 진짜 부자들을 책으로만 만났다. 내가 수준이 높아질수록 부자들을 실제로 만날 수 있었다. 책과는 다른 비법들이 느껴졌다. 상상 속의 일들이 현실이 되었을 때 느낄 수 있는 것들이다.

당신이 지금 세우는 계획은 이제 한 단계의 계단일 뿐이다. 그래서 우리는 시간이 부족하다. 풍요를 한번 경험한 사람은 계속 풍요를 끌어당긴다. 좋은 것들이 눈에 보이고 돈 벌 것들이 눈에 보이는데 놓치는 바보는 없다. 그래서 부자는 더 부자가 되는 법이다. 그들의 세상에서는 그들만의 리그가 있다. 그들만의 정보력이 있다. 당신도 부지런히 이 수준에 도달해야 한다. 그때부터 다시 시작해야 한다.

시간을 아끼고 결과를 빨리 만드는 것에 집중하고 몰입하라. 어차피 성공할 것이라면 빨리하면 더 좋은 법이니까. 끌어당김의 법칙대로 당신이 원하는 미래를 끌어당겨야 한다. 끝에서 생각하고 끝에서 시작하라.

당신의 명확한 미래를 그릴수록 더 빨리 기회를 만난다. 환경이 바뀐다. 내가 경험해본 바로 이 법칙은 정확하다. 이것이 내가 요즘 유튜브 '권마담TV'를 통해 나의 경험담과 깨달음을 나누는 이유이다. 법칙을 믿는 자는 반드시 믿는 대로의 결과를 만날 것이다.

대부분의 사람은 잃는 것을 두려워한다. 두려워하다 보면 평생 누려보지도 못한다. 이 글을 읽고 있는 독자라면 가슴이 뛸 것이다. 가슴이 시키는 것이 정답이다.

가슴이 내 인생의 GPS라는 것을 잊어선 안 된다. 가슴이 시킨다면 지금 당장 저질러야 한다. 내가 하는 모든 일은 잘될 수밖에 없다. 매일 크게 생각하고, 크게 이루면서 살자. 지금 아니면 안 된다는 마음으로 말이다.

남이 맞추어 놓은 인생이 아닌 내가 세운 기준으로 살아보자. 내 인생의 정답은 나만이 알고 있다. 당신의 가슴 속에 있는 GPS를 믿어라. 반드시 당신답게 성공할 것이다. 세상엔 정답은 없다. 내가 소명을 완수할 때 그것이 비로소 성공이다. 바로 그때 삶의 풍요와 충만함이 눈처럼 쏟아지는 법이다.

성공은 준비된 자가
기회를 만날 때 이루게 된다.

– 김도사의 『기적수업』 중에서 –

18

좋은 운을
만드는 방법

지출이 아닌 내 인생에 집중하는 삶을 살고 싶지 않은가?

돈 때문에 스트레스를 받는다면 삶의 질이 현저히 떨어진다. 나도 모르게 불평불만을 하게 된다. 나는 많은 사람들을 만나면서 우리 인생에서 가장 큰 부분을 차지하고 있는 것이 돈이라는 사실을 알았다. 돈이면 대부분이 해결되는 문제이기 때문이다. 그래서 나는 돈공부를 하라고 강력히 말한다.

'돈'의 정의를 제대로 모르는 사람이 많다. 학교, 가정, 종교 등을 통해 돈 앞에서는 겸손해야 하고 베풀어야 한다고만 배웠기 때문이다. 돈은 내가 원하는 만큼 가질 수 있다. 가지려면 내가 원해야 한다. 욕망해야 한다. 하지만 우리는 욕망하는 자는 욕심 많은 자라고 교육받았다. 그러니 알게 모르게 돈에 대해 부정적인 느낌을 감출 수 없다. 그러니 돈이 나를 따를 수가 없다.

돈도 에너지이다. 에너지는 같은 에너지끼리 끌어당긴다. 돈을 사랑해야 돈이 나에게 붙는다. 돈이 많은 사람은 돈을 쓸 때 마음이 풍요롭다. 그 감정은 또 다른 풍요를 끌어온다. 당신이 돈을 쓸 때 소비에 집중하면 궁핍하다는 감정을 끌어당기게 된다.

돈에 대한 풍요로움을 끌어당기고 싶다면 쓰면서 풍요로운 감정이 들게 해야 한다. 그래서 돈을 끌어당기는 에너지도 연습이 필요하다.

요즘은 돈에 관한 책들이 많이 쏟아진다. 당당하게 돈공부를 시작하라. 당신이 돈공부를 해서 가난을 끊어야 대물림되지 않는다. 스스로 결과를 통제할 때 가난은 잠깐이다. 가난은 내가 만든 결과이다. 당신이 돈에 대한 정의를 바꾸지 않는 한 계속 가난과 친구가 될 것이다.

오늘부터 돈을 사랑하겠다고 마음먹어보자. 풍요로운 마음이 올라온다. 떠오른 아이디어도 돈이 된다. 기회가 된다.

없는 것보다 있는 것에 집중해야 현실이 바뀐다

나는 직장인일 때 커피 한잔 값이 아까웠다. 돈을 아끼는 데에만 집중했다. 아끼는 것 자체가 가난 에너지를 끌어당기는 행위인 것을 몰랐다. 지금은 돈공부를 통해 커피를 먹을 수 있음에 감사한다. 감사하는 에너지는 농도 짙은 풍요로운 에너지를 끌어온다. 중요한 것은 돈을 쓰면서 느끼는 나의 감정 상태이다. 관점을 바꾸면서 나의 인생은 180도 달라졌다. 경험을 통해 얻은 깨달음을 많이 나누고 싶다.

없는 것보다 있는 것에 집중하는 삶이 현실을 바꾸어놓는다. 내가 행복해진다. 내가 행복하면 주변이 행복해진다. 행복은 생각보다 가까이에 있다는 것을 알게 된다. 단지 나의 생각과 에너지가 바뀌었을 뿐인데 말이다. 깨달은 자들은 한결같이 조언한다. 당신의 에너지를 바꾸라고. 연습이 필요하다.

예전엔 3년 걸릴 것이 자동화 시스템이 되어 1년이면 된다. 1년이 걸리던 것이 이제는 1개월이면 된다. 그런 희열을 한 번만 경험해본다면 당신은 시간을 계속해서 단축시킬 수 있다. 돈을 쓸 때 지출에 대해서만 생각하지 말고 그로 인해 벌어들이는 것에 감사하자. 감사가 가장 쉬운 연습이 될 것이다.

나이 들어서 은퇴가 아닌, 20~30대에 은퇴하겠다고 선언하라. 생각만 해도 기분이 좋다. 그 기분이 당신의 풍요로운 에너지이다. 그 상태에 머물러라. 그리고 잊지 않기 위해서 글로 쓰고, 시각화해서 벽에 붙여두어라. 그 상태에 얼마나 오래 머무느냐에 따라 끌어당김의 속도가 달라진다. 나는 30대에 직장을 은퇴했다. 은퇴 후 내가 원하는 장소에서 내가 원하는 일을 하며 내가 만나고 싶은 사람만 만난다.

누군가 했다면 당신도 할 수 있다. 30대에 은퇴해보니 생각 이상의 행복이 있다. 내가 생각한 것 이상의 것들이 존재한다. 그 행복이 또 다른 행복을 불러오면서 나는 운이 좋은 사람으로 불리고 있다. 운이 좋다는 것은 늘 좋은 일을 마주한다는 것이다. 무의식이든 의식이든 그런 사람들은 굉장히 긍정적이다. 낙천적이다. 또한 사랑이 많다. 계속해서 운이 좋은 이유이다.

스스로 운을 버는 4가지 기술

부와 성공의 기술을 알려주는 권마담 공식카페인 '한국석세스라이프스쿨'에서는 스스로 운을 버는 기술을 공개한다. 그중 몇 가지를 알려주겠다.

1. 당신의 장점 10가지를 노트에 써라.

2. 장점에 맞는 이미지를 캡처하라.

3. 휴대전화에 '비전보드' 폴더를 만들어 따로 보관하라.

4. 보관된 폴더의 이미지를 매일 아침과 저녁에 보라.

사람은 대부분 자신을 과소평가하는 경향이 있다. 이제부턴 자신을 과대평가하라. 자신을 최대치로 끌어올릴 수 있다. 자신의 장점을 써보자. 단점이 아닌 장점에 집중하라. 장점이 당신만이 가진 무기이다. 당신만의 색깔을 낼 수 있다. 당신이 무엇을 잘하는지 좋아하는지에 집중하라. 평소에 책을 읽든, 영상을 보든 당신만의 생각을 기록하라. 기록들이 어느 정도 모아지면 객관적인 모습으로 당신이 무엇을 반복하고 있는지 알 수 있다. 이루기 전까지 계속해서 반복되는 생각과 에너지가 있을 것이다. 그것만이 당신의 유일한 색깔을 낼 것이다. 그 길이 당신이 가야 하는 길일 가능성이 높다. 아직 스스로를 과대평가하는 것이 부끄러운 초보 입문자라면 내가 소개한 4가지 방법을 실행해 보라.

장점을 부각하고, 그 느낌을 계속해서 가져보자. 이미지는 조금 더 장점에 대한 생동감을 준다. 자주 반복한다면 바쁜 일상 속에서도 느낌이 유지된다. 의무적으로 하지 않으면 우선순위에 밀리는 일들이 많다. 가장 중요한 일인데도 불구하고 급한 일에 밀린다. 그럴수록 의무적으로 할 수 있는 계획들이 필요하다. 이러한 방법으로 당신의 24시간을 장점에 집중하는 시간으로 만들어보자.

무의식에 새겨지는 순간 당신은 어느새 그 이미지의 사람이 되어 있을 것이다. 당신도 모르는 사이에 말이다. 우리는 환경에 지배받는 인간이다. 당신의 모든 생각을 당신의 장점에 집중, 몰입해서 행복한 에너지를 받아야 한다. 이건 해도 그만, 안 해도 그만이 아니라 생존의 문제이다. 나답게 살지 않는다면 죽은 사람과 다를 바가 없다. 가슴 뛰지 않는 삶에는 고통만 따를 뿐이다. 행복은 당신이 선택하는 것이다.

당신만의 장점에 맞는 사람이 된다. 아니, 이미 당신은 그러한 사람이다. 장점을 부각시키기만 하면 된다. 자신답게 살아가는 사람의 은퇴는 당연히 빠를 수밖에 없다. '노후를 풍요롭게 보내겠다'가 아니라 나다움을 빠르게 찾아 젊을 때 은퇴하자. 젊을 때 하고 싶은 일 하며 여행하며 좋은 차를 타자.

모든 사람이 변화를 원하지만 변화를 선택하는 사람은 적다. 공부를 통해서 확신을 가지고 믿음을 만들면 된다. 그리고 행동하면 된다. 한 번의 변화가 아닌 지속적인 변화로 당신은 당신이 생각한 이상의 사람이 될 수 있다.

인생에서 가장 큰 선물은 자기 자신에게 기회를 주는 것이다.
스스로를 믿고 신념에 따라 행동해야 한다.

– 김도사의 『기적수업』 중에서 –

진정한 성공은 나 자신에 대한 믿음에 이르는 것이다.

성공하는 삶을 살기 위해선 믿음으로 시작해서,

믿음으로 살고 믿음으로 끝마쳐야 한다.

믿음은 변화의 시작이자 완성이다.

- 김도사의 『기적수업』 중에서

두 번째
법
칙

Kim Tae Kwang
김도사

19

하나님은 우리
영혼의 부모이다

모든 것은 하나님의 은혜로 된 것이다

사람들은 육체적인 것과 영적인 것을 구분하지 못한다. 그렇다 보니 눈에 보이는 것이 전부라고 생각한다. 눈에 보이는 것들은 영적이지 못한 것들이다. 영원하지 못한 것들은 육체적인 것, 물질적인 것에 속한다. 변하지 않는 것이 진짜이다. 영원한 것이야말로 진리이다.

우리의 영혼은 영원불멸하다. 영원불멸한 존재가 유한사멸하는 존재처럼 생각하고 행동해선 안 된다. 이런 그릇된 모습이 우리 스스로 신성을 잊고 살게 한다. 땅에 매인 육체적 인간으로 살게 하는 것이다.

하나님은 매순간 우리를 사랑하고 계신다. 우리가 어떤 일을 계획하고 실행할 때 함께하신다. 이것이 진리이다. 우리는 진리를 따를 때 3차원의 세계인 지구별에서 천국처럼 살 수 있다. 지구별에서 천국처럼 사는 사람들만이 죽어서도 천국을 경험하게 된다. 결코 천국은 착한 사람이 되거나 신발 밑창이 떨어지도록 종교시설에 다니는 사람들에게 주어지는 사후의 보상이 아니다. 지금 살고 있는 이곳이 바로 천국이다. 지옥과 천국은 생각과 감정, 깨달음에 있는 것이지 특정한 장소가 아니라는 뜻이다.

우리에게는 두 부류의 부모가 있다. 한 부류는 우리를 낳아주신 육체적인 부모이고, 다른 부류는 우리 영혼의 근원인 하나님이다. 대부분의 사람은 육체적인 부모만 부모로 생각할 뿐 하나님에 대해선 까맣게 잊고 산다. 진짜 부모는 하나님이다. 육체의 부모 역시 아버지 하나님으로부터 나왔기 때문이다. 지극정성으로 나를 낳아주신 부모에게 효도하는 것 이상으로 하나님을 사랑하고 섬겨야 한다.

그 어떤 나무도 뿌리 없이 자라지 못한다. 포도나무에 포도가 주렁주렁 열릴 수 있는 것은 뿌리가 있기 때문이다. 우리에게 뿌리는 하나님이다. 하나님을 알고, 하나님을 느끼고, 하나님을 생각하는 사람은 온 우주가 도와주는 그리스도의 삶, 복된 삶을 살아가게 된다.

성경의 고린도전서에 보면 이런 문구가 있다.

"내가 나 된 것은 하나님의 은혜로 된 것이니 내게 주신 그의 은혜가 헛되지 아니하여 내가 모든 사람들보다 더 많이 수고를 하였으나 내가 한 것이 아니오 오직 하나님과 함께하신 하나님의 은혜로다."

모든 것은 하나님의 은혜로 된 것이다. 내가 누리고 있는 모든 것은 하나님으로부터 온 것이다. 겉으로 보기에는 내가 다른 사람들보다 더 열심히 살아서 이룬 것 같지만 실상은 하나님께서 계획하고 실행하신 것이다. 하나님의 은혜로 되지 않은 것은 단 하나도 없다. 하나님은 이미 우리를 위해 모든 것을 준비해놓으셨다. 그것을 깨닫기 위해선 고차원의 의식을 가져야 한다. 의식의 수준이 낮은 사람들에게 세상은 지옥처럼 비춰질 것이고, 의식이 높은 사람들의 눈에는 모든 것이 기회로 보일 것이다. 자신이 바라는 것을 받아들이고 볼 수 있는 영적인 눈을 가진 자가 돼야 한다.

우리가 부유한 삶, 복된 삶을 살기 위해선 의식이 너무나 중요하다. 아니, 의식이 전부라고 해도 과언이 아니다. 오죽하면 성경이 보통의 의식을 고차원으로 높이는 내용들로 가득 차 있을까. 주의를 기울여서 성경을 읽는다면 예수께서 하시는 말씀들 대부분이 의식 변화에 대한 내용이라는 것을 알 수 있다. 우리는 예수처럼 높은 의식층에 도달하기 위해 힘써야 한다. 우리는 의식 상태를 고차원으로 높이기로 결정하고 그렇게 해나가야 한다.

아버지와의 3가지 약속

나는 과거에 자살을 수천 번 생각할 만큼 지독한 가난에 시달렸다. 작가가 되기 위해 7년간이나 하루 두 끼 라면만 먹으며 원고 쓰기에 매달렸다. 서울의 종로구 혜화동과 영등포구 영등포 시장 근처 고시원에서 막노동을 하며 치열하게 원고를 썼지만 출판사로부터 500회가량 퇴짜를 맞아야 했다.

7년 반 만에 한 출판사와 출판 계약을 하고 작가가 될 수 있었다. 너무나 가혹했던 서울생활을 정리하고 대구 남구 대명동에서 다시 시작했다. 보증금 20만 원에 월세 17만 원짜리 월세방에서 자취하며 작가라는 꿈을 이루기 위해 고군분투했다. 내가 살 길은, 성공할 길은 꿈을 실현하는 것밖에 없었다.

1년 후 갑작스레 아버지께서 음독으로 세상을 떠나셨다. 그때 내 나이 28살이었다. 당시 정말 죽고 싶었다. 아무런 미련 없이 세상을 버리신 아버지가 원망스러웠다. 한순간의 잘못된 선택으로 순식간에 생(生)에서 사(死)로 넘어갈 수 있다는 사실이 너무나 충격적이었다. 나도 따라가고 싶다는 마음이 들불처럼 일었다. 모두 내려놓고 싶었다. 힘들다고 아버지도 삶을 버리셨는데 나라고 왜 못 버릴까 하는 나쁜 마음도 들었다. 가진 재산도 없는 데다가 힘없고 연로한 아버지셨지만 이제 계시지 않는다는 생각에 더 이상 내가 의지할 곳이 없다는 막막함이 엄습했다(아무리 가진 것이 없고 해주시는 것이 없는 부모라도 살아 계시는 것만으로도 마음이 든든한 법이라는 것을 그때 알았다). 연이어 내세울 것 하나 없는 내가 과연 꿈을 이룰 수 있을까 하는 두려움이 일었다.

그러나 나는 죽은 자보다 살아 있는 자들을 생각해야 했다. 그 누구보다 홀로 되신 어머니를 생각해야 했다. 나보다 남편을 잃은 어머니의 마음이 더 괴로울 것이기 때문이다. 그리고 곧 닥쳐올 시련들과 마주할 마음의 준비를 해야 했다. 우리 가족은 준비가 되지 않은 상태에서 아버지의 죽음을 맞이했기에 모든 것이 혼돈이었다. 더군다나 빚밖에 없는 고향 집의 형편에 300만 원이라는 장례식 비용도 부담이었다.

당시 IMF로 다니던 회사에서 구조조정 당한 큰누나와 큰매형, 신협과 정비공장에서 쥐꼬리만 한 월급을 받고 있던 작은누나와 작은매형이 장례식 비용 때문에 심하게 말다툼을 했다. 평소 잘 지내던 형제들 사이에 고성이 오갔다. 죽은 자는 말없이 냉동고에 누워 있는데 산 자들은 돈 때문에 서로 상처 주는 모습에 나는 가난이 얼마나 무서운지 뼈저리게 깨닫게 되었다.

나는 아버지의 입관 절차를 마치고 나서 마음속으로 3가지를 생각했다. 아버지에게 하는 나 혼자만의 약속이었다.

첫째, 혼자되신 어머니에게 경제적으로 잘해드리겠다.
둘째, 생전에 아버지를 무시하고 업신여긴 사람들에게 성공이라는 결과물로 복수하겠다.
셋째, 물려받게 되는 빚 유산을 나 혼자의 힘으로 갚겠다.

나는 3가지 약속을 아무에게도 말하지 않았다. 말한다고 해서 그 누가 도와줄까. 그저 묵묵히 아버지와의 약속을 지키기 위해 목숨 걸고 노력했다. 거액의 빚 유산을 갚기 위해 낮에는 독서논술 지도를 했다.

밤부터 새벽까지 글을 써야 했다. 당시 내가 사치한 것이라곤 자취방에서 홀로 삼겹살에다 맥주를 한두 병 사다 마신 것과 라면 대신 돼지국밥을 먹은 것이었다. 그만큼 안 먹고, 안 사고, 안 만나고 치열하게 살았다. 그 결과 2년 만에 빚을 다 갚을 수 있었다.

하나님에 대한 믿음으로 계획하고 실행하라

나는 하나님을 내 영혼의 부모라고 생각한다. 육체의 부모는 늙고 병들어 세상을 떠나지만 하나님께서는 영원불멸한 존재이자 사랑 그 자체이신 분이다. 교회나 성당과 같은 특정한 종교시설에만 계시지 않고 모든 곳에 편재해 계시는 우주의 대원리이자 정신임을 잘 알고 있다. 내가 굳이 울부짖으며 아버지 하나님을 찾지 않아도 아버지는 언제나 나와 함께하신다. 내가 마시는 물에도, 내가 들이쉬는 공기에도, 내가 즐겨 듣는 음악에도, 사랑하는 사람들의 목소리에도, 내 눈에 들어오는 모든 것에 하나님께서 편재해 계신다. 나는 이런 깨달음을 얻은 후 혼자 있다고 해서 결코 외로운 것이 아니라는 것을 알게 되었다. 오히려 홀로 있는 시간이 하나님에게 가장 가까이 다가갈 수 있는 때라는 것을 깨닫게 되었기 때문이다.

나는 성경 문구를 참 좋아한다. 당시 자취방 여기저기에 내가 좋아하는 성경 문구를 출력해서 붙여두었다. 보며 따라 소리 내어 읽곤 했다. 내 안에서 에너지가 빛처럼 나온다는 것을 느꼈다. 그랬다. 나는 예수께서 하셨던 말씀처럼 세상의 어둠이 아니라 '빛'이었다. 특히 마태복음의 "구하라 그리하면 너희에게 주실 것이요 찾으라 그리하면 찾아 낼 것이요 문을 두드리라 그리하면 너희에게 열릴 것이니."라는 문구가 내 마음에 깊이 파고든다. 이 문구를 볼 때마다 이런 생각이 든다. '아버지 하나님은 힘들다고 좌절하지 말고 원하는 것을 구체적으로 구하면 그것을 나에게 주시겠다고 약속하셨지. 그래, 그만 힘들어하고 내가 바라는 것을 찾자. 그리고 포기하지 말고 계속 두드리자. 그러면 곧 열릴 테니까.' 힘든 삶을 사는 사람들에게 이보다 희망을 주는 문구도 없다고 생각한다.

대부분의 사람이 힘들어하는 이유는 당장 어떤 해결책이나 희망이 보이지 않기 때문이다. 그들은 하나님께서 모든 것을 주관하신다는 것을 알지 못한다. 그러니 외롭고 두려운 것이다. 외로움과 두려움은 좌절과 절망으로 내몰고 포기하게 만든다.

우리와 하나님은 하나이다. 물론 하나님은 우리보다 더 위대한 분이다. 그분의 자녀인 우리는 전지전능한 존재이다. 쉽게 말해 우리는 하나님과 마찬가지로 신적인 존재라는 것이다. 하나님은 우리의 육체 속에 거하고 계신다. 그러므로 우리는 혼자가 아니다. 하나님께서 우리가 어떤 것을 고민하기 전에 무엇을 원하는지 다 알고 계신다. 다만 하나님께서 우리의 바람을 모두 알고 계신다는 것을 모르기 때문에 믿음이 무너지는 것이다. 우리는 하나님에 대한 믿음으로 계획하고 실행해야 한다. 그분에 대한 믿음으로 시작하고 끝을 맺어야 한다.

자신을 종의 아들로 규정하면 새끼나 꼬고 낫질과 호미질을 하며 평생을 살고,
자신을 하나님의 아들로 규정하면 하나님의 아들로서 위대한 일을 성취하게 된다.

– 김도사의 『기적수업』 중에서 –

20

비의적 해석으로
성경을 읽어라

독실한 기독교인들이 하나님을 두려워하는 이유

나는 자주 스타벅스에서 성경을 읽는다. 성경에는 부와 성공의 비밀, 의식 혁명, 우주의 법칙이 담겨 있다. 성경을 읽으면 문득 문득 영감이 떠오르고 좋은 아이디어들이 빛처럼 날아든다. 영감과 아이디어들은 하나님으로부터 온다. 하나님은 언제나 나와 함께하신다는 것을 영혼으로 느끼게 된다. 그래서 그 어떤 책보다도 성경을 사랑한다.

성경은 전 세계 최고의 성공학, 부자학, 자기계발서이다. 나는 성경을 읽으며 하나님이 어떤 존재인지 깨달을 수 있었다. 물론 무턱대고 성경을 읽는다고 해서 하나님에 대해 제대로 알 수 있는 것은 아니다. 의식을 높여야 한다. 평범한 의식 상태로는 절대 하나님에 대해 깊이 알 수 없다. 독실한 기독교인들조차 하나님을 두려워하는 이유가 지극히 인간적인 의식으로 그분을 생각하기 때문이다. 그래서인지 대부분의 기독교인들은 불신앙적이며 믿음이 없거나 부족하다.

초의식(超意識)은 보통 사람들의 의식을 초월한 의식을 뜻하는 말이다. 초의식을 가진 사람은 자신이 어디에서 왔고, 어떤 소명이 있는지, 육신이라는 옷을 벗고 나면 어디로 가는지 알고 있다. 이들은 물질에는 관심이 없고 오로지 경험을 통한 지혜와 깨달음을 얻는 일에 시간과 에너지를 아끼지 않는다. 영혼은 지혜와 깨달음을 통한 지구뿐 아니라 온 우주에 선한 영향력을 끼치고자하는 속성을 갖고 있기 때문이다.

내가 성경을 좋아하는 이유 중에 하나는 비의적인 내용(비밀스러운 종교 의식)으로 가득 차 있기 때문이다. 비의적 해석이 없이는 제대로 된 뜻을 파악할 수 없기 때문이다. 성경은 최고의 성공학과 부자학의 바이블이기 때문에 아무나 그 뜻을 파악해선 안 된다.

만일 누구나 쉽게 예수께서 하시는 말씀과 성경의 공저자들이 쓴 글의 의미를 이해할 수 있다면 지금처럼 성경이 위대한 책이 될 수 없었을 것이다. 성경에 담겨 있는 비밀스러운 의식은 눈에 보이지 않아도 보고, 들리지 않아도 들을 수 있는 자들에게만 허락되었다.

예수는 스스로 하나님이라는 것을 깨달은 초인이다

성경의 마태복음에 보면 예수께서 바닷가에서 사람들에게 강론하는 모습이 나온다. 예수께서 하는 대부분의 말씀은 비유로 시작되어 비유로 끝이 난다.

"그날에 예수께서 집에서 나가사 바닷가에 앉으시매 큰 무리가 그에게로 모여 들거늘 예수께서 배에 올라가 앉으시고 온 무리는 해변에 섰더니 예수께서 비유로 여러 가지를 저희에게 말씀하여 가라사대 씨를 뿌리는 자가 뿌리러 나가서 뿌릴 새 더러는 길 가에 떨어지매 새들이 와서 먹어버렸고 더러는 흙이 얇은 돌밭에 떨어지매 흙이 깊지 아니하므로 곧 싹이 나오나 해가 돋은 후에 타져서 뿌리가 없으므로 말랐고 더러는 가시떨기 위에 떨어지매 가시가 자라서 기운을 막았고 더러는 좋은 땅에 떨어지매 혹 백배, 혹 육십 배, 혹 삼십 배의 결실을 하였느니라 귀 있는 자는 들으라 하시니라."

제자들은 예수의 말씀이 잘 이해가 되지 않는다. 의식이 높지 않은 사람의 입장에선 어렵기만 하다. 도무지 이해가 되질 않는다. 그래서 제자들이 예수께 하시는 말씀을 이해하지 못하겠다며 왜 굳이 비유를 들어 강론하는지 묻는다.

"제자들이 예수께 나아와 가로되 어찌하여 저희에게 비유로 말씀하시나이까 대답하여 가라사대 천국의 비밀을 아는 것이 너희에게는 허락되었으나 저희에게는 아니되었나니 무릇 있는 자는 받아 넉넉하게 되되 무릇 없는 자는 그 있는 것도 빼앗기리라 그러므로 내가 저희에게 비유로 말하기는 저희가 보아도 보지 못하며 들어도 듣지 못하며 깨닫지 못함이니라 이사야의 예언이 저희에게 이루었으니 일렀으되 너희가 듣기는 들어도 깨닫지 못할 것이요 보기는 보아도 알지 못하리라."

예수는 스스로 하나님이라는 것을 깨달은 초인이다. 자기 자신이 가진 신성을 깨닫는 사람은 누구나 하나님이다. 하나님은 우리의 육신이라는 성전에 거하고 계신다. 이 진리를 깨달은 사람은 지위, 종교 등 모든 것을 초월한다. 결국에는 모두가 하나임을 알기 때문이다. 초인 예수는 초의식을 가지고 있다. 천국의 비밀은 허락된 자들만 알아야 한다는 것을 누구보다 잘 알고 있다. 그래서 가장 가까이 있는 제자들조차 이해할 수 없도록 비유를 들어 말하는 것이다.

예수는 가치의 중요성에 대해 말씀하신다. 가치를 알아보는 사람들에게 귀한 것을 줄 때 감사한 것을 알게 된다는 것, 가치를 모르는 이들에게 주었을 때 감사함보다는 시련이 닥치게 된다는 것이다. 성경의 마태복음에 "거룩한 것을 개에게 주지 말며 너희 진주를 돼지 앞에 던지지 말라 그들이 그것을 발로 밟고 돌이켜 너희를 찢어 상하게 할까 염려하라."라는 문구가 있다. 거룩한 것은 절대 아무나 가져선 안 된다. 아무나 가질 수 없기에 거룩한 것이다. 모두 쉽게 가질 수 있는 것은 거룩하지 못하다. 돼지는 거룩함이나 가치에 대해 모른다. 오로지 자신의 배만 채우면 되는 짐승이다. 당장의 눈앞, 즉 현실만 본다. 이런 사람에게 귀한 것을 내주면 오히려 그 일로 인해 힘든 시련이 찾아오게 된다. 쉽게 얻었기 때문에 감사함을 표하기는커녕 다음에는 2개를 달라고 요구하게 된다. 그 요구를 거절하면 인정이 없다거나 사람이 변했다는 등의 막말을 하게 된다. 처음에 선의로 상대를 베푼 것이 상처로 돌아오는 것이다.

행운과 불행, 기회와 시련은 사람으로부터 온다

나는 '한국책쓰기1인창업코칭협회'(이하 한책협)를 운영하고 있다. 스펙, 지위, 나이, 배경 등 상관없이 누구나 배우면 대부분 1개월 만에 원고를 쓰고 작가가 된다. 9년 간 1,000명의 작가들을 배출했으며 그 가운데 수백 명의 사람들이 코치, 강연가, 1인 창업가로 활동하고 있다.

그 가운데 『마흔의 돈 공부』의 작가 단희쌤(이의상), 『하루 1시간, 책 쓰기의 힘』의 이혁백, 『너에게만 알려 주고 싶은, 무결점 글쓰기』의 이은화, 『새벽을 여는 리딩이 인생을 바꾼다』의 김태진, 『대한민국 경매 투자』의 김서진 코치, 『주식투자 이렇게 쉬웠어?』의 김이슬 코치, 『10년째 영알못은 어떻게 100일 만에 영어천재가 되었을까』의 저자 이정은, 『나는 인생에서 알아야 할 모든 것을 영업에서 배웠다』의 안규호 작가, 『출근하지 않고 퇴직하지 않는 1인 지식창업』의 이종서 코치, 『자존감 있는 글쓰기』의 조헌주 코치, 『내 삶을 바꾸는 책 쓰기』의 조경애 코치, 『청중을 사로잡는 말하기 기술』의 김주연 코치, 『청년백수에서 억대연봉 콜센터 팀장이 된 비결』의 김우창, 『똑똑한 아이보다 단단한 아이로 키워라』의 이종우, 『아빠가 쓰는 육아일기』의 양현진 등 이들은 한책협에서 책 쓰기와 1인 창업 등의 지식과 정보, 원리와 비법을 배울 수 있었다.

나는 과거에 정말 힘든 삶을 살았다. 그렇다 보니 나와 같은 사람을 만나면 동정심이 앞서게 된다. 어떻게든 그 사람이 힘든 삶에서 헤어 나오게 도와주고 싶은 마음이 커진다. 내가 그동안 코칭하면서 깨달은 것이 있다. 내가 특별히 애정과 관심을 가지고 대해준 사람들이 내게 많은 상처를 안겨준다는 것이다.

상대의 힘든 형편을 잘 알고 말 한마디 따뜻하게 해주고 책 쓰기 과정에서 과제를 할 때도 다른 사람들보다 더 도와주었다. 지나칠 정도로 조언을 아끼지 않았다. 그 결과 다른 사람들보다 빨리 책도 출판되고 작가, 코치, 강연가, 1인 기업가로 성공하게 되었다.

그런데 이런 사람들의 공통점은 처음에는 부담스러울 정도로 감사함을 표하다가 책이 출판되고 사람들에게 인정받기 시작하면서 연락을 끊는다는 것이다. 내가 책 쓰기 1일 특강에 와서 후배들을 위해 미니 특강을 해 달라고 요청하면 바쁘다고 거절한다. 다음에 기회가 되면 참석하겠다고 한다. 다시 내가 거듭 요청하면 집안에 사정이 있다, 가까운 사람이 죽어서 문상을 가야 한다, 아이가 아프다 등의 핑계를 댄다. 그리고 어느 날 우연히 인스타그램과 페이스북에 버젓이 올라온 자신의 코칭, 강연 활동, 여행 사진 등을 보고는 충격을 받는다.

그동안 내게 코칭받아 작가가 된 많은 제자들이 혼자 책을 썼다고 말하고 다니는 것을 수없이 봤다. 자신은 그 누구에게도 배우지 않았고 수많은 시행착오를 거치면서 책 쓰는 법을 터득했다고 말하는 것을 보며 황당했다. 어떤 코치는 자신이 나를 가르쳤다고 거짓 주장을 하기도 했다. 나는 그런 행동을 보면서 그렇게까지 자신을 높이고 싶을까 하는 생각이 들었다.

책 쓰기 과정에서 내게 여러 번 선물과 함께 직접 쓴 손 편지를 준 사람이 어찌 그런 행동을 할 수 있는지 분개했다. 그래서 나는 개인적으로 손 편지를 주는 사람을 그다지 좋아하지 않는다. 내게 잘 보여서 더 많이 얻어가려고 하는가 보다 하는 생각부터 든다. 힘들게 손 편지를 쓰는 데는 자신만의 이유가 있을 테니.

내가 가르친 제자들이 시련을 안겨주어도 이제는 성경에서 예수께서 말씀하셨던 개, 돼지에게 내가 거룩한 것을 쉽게 주었기에 일어나는 일임을 잘 알고 있다. 그래서 '개나 돼지에게 진주를 던져주었구나.' 하고 웃어넘긴다. 내가 코치로 활동하면서 뼈저리게 느낀 것은 사람은 거의 변하지 않는다는 것이다. 어떤 계기로 잠시 가면을 쓸 수 있을지 모르지만 얼마 못 가 답답한 나머지 가면을 벗게 된다. 진짜 본 모습을 드러내는 것이다. 그래서 사람을 조심해야 한다. 행운과 불행, 기회와 시련은 사람으로부터 온다는 것을 기억해야 한다.

의식을 바꾸면 모든 것이 달라진다

나는 IQ가 89에다 전문대 졸업으로 보통 사람들과 비교했을 때 루저 (loser)나 다름없었다. 게다가 현실주의자에다 어리석고 아둔한 사람이었다. 이런 내가 달라질 수 있었던 것은 의식을 바꾸었기 때문이다. 성경을 읽으며, 특히 예수께서 하시는 말씀에 숨어 있는 비의적인 뜻을 이해하기 위해 노력했다. 닥치는 대로 비밀스런 의식이 담겨 있는 책들을 읽었다. 의식을 높여주는 책을 읽으며 의식이 확장되고 높아지는 것을 체험할 수 있었다. 의식이 바뀌자 자연스레 만나는 사람들이 바뀌고 환경이 달라지기 시작했다. 모든 것은 의식에 의해 일어난다는 것을 알게 되었다. 내가 읽은 특별한 책들을 읽고 싶다면 네이버 카페 '한책협'에 가입하면 된다.

예수는 "안식일이 사람을 위하여 있는 것이요 사람이 안식일을 위하여 있는 것이 아니니 이러므로 인자는 안식일에도 주인이니라."(막 2:27~28)라고 말한 바 있다. 대부분의 사람은 안식일에 종교시설에서 목사나 신부의 설교를 듣고 기도하며 시간을 보낸다. 그게 하나님께서 바라는 안식일을 보내는 방법이라고 착각한다. 절대 그렇지 않다. 안식일은 나를 위해 있는 것이다. 예수는 안식일에 아무 일도 하지 않고 교회에서 기도하는 바리새인들에게 이렇게 말씀하셨다.

"너희 중에 어떤 사람이 양 한 마리가 있어 안식일에 구덩이에 빠졌으면 끌어내지 않겠느냐 사람이 양보다 얼마나 더 귀하냐 그러므로 안식일에 선을 행하는 것이 옳으니라."

바리새인은 겉과 속이 다른 사람을 말한다. 세상에는 이런 사람들이 넘쳐난다. 신발 밑창이 닳도록 교회나 성당을 다니면 저절로 구원을 받고 천국에 가는 줄로 생각한다. 종교지도자들이 그렇게 세뇌시켰기 때문이다. 그들은 신도들에게 불안감과 두려움을 심어주어 자신의 뜻대로 행동하도록 만든다. 나는 그들의 목적이 다양한 구실로 더 많은 헌금을 거둬들이는 데 있다고 생각한다. 그래서 종교시설에서 하는 말과 행동, 홍보 방법들을 보면 일반적인 사기업과 다를 바 없다고 여긴다. 그러나 이러한 방식은 하나님과 예수님께서 원하시는 것이 아니다. 나는 성경을 비의적인 해석으로 읽으면서 이와 같은 진리에 눈을 뜰 수 있었다. 최고의 안식일을 보내고 싶다면 예수께서 하셨던 그대로 하면 된다. 안식일의 주인은 바로 나 자신이다. 나 자신이 안식일의 주인이 될 수 있는 이유는 우리의 육신이 거룩한 성전이고 이 성전 안에 하나님이 거하시기 때문이다. 굳이 종교시설을 찾을 필요는 없다. 하나님과 함께한다는 진리를 깨달은 사람이 가는 모든 곳이 신성하고 거룩한 곳이 된다. 종교를 초월하게 된다. 스스로를 구원한 그리스도가 될 수 있다. 자기 자신을 구원하지 못한 사람은 결코 다른 사람을 구원할 수 없다.

보이지 않는 것들을 보이는 것처럼 믿어라. 보이지 않는 세계에서
현재 보이는 세계가 창조되었다는 것을 기억해야 한다.

- 김도사의 『기적수업』 중에서 -

21

우주는 좋고 나쁜 것을
판단하지 않는다

착하고 성실하게 살면 부자가 될까?

"왜 착한 사람들이 힘들게 살고 악한 사람들이 잘살까요?"

"저는 그동안 누구보다 성실하게 살아왔는데 왜 가난에서 벗어나지 못하는 걸까요?"

살면서 누구나 이런 질문을 던져본 적이 있을 것이다. 우리는 어려서부터 열심히 살면 잘산다는 말을 귀에 딱지가 앉도록 들으며 자랐다. 가정과 학교 모두 근면과 성실을 강조했다. 부모님 말씀에 순종하고 선생님의 말씀을 잘 듣고 공부를 잘하는 것이 잘사는 길이라고 믿었다. 그러나 어른이 되어 보면 제대로 알 수 있다. 근면과 성실, 스펙이 잘사는 공식이 아니었다는 것을. 부모와 선생님의 말이 틀렸다는 것을 알게 된다. 나는 대부분의 부모와 교사의 조언이 빗나갈 수밖에 없다고 생각한다. 왜냐하면 그들은 제대로 된 꿈을 가져본 적도 없고, 그 꿈을 이루기 위해 도전해본 적이 없기 때문이다.

착하고 성실하게 사는 것이 부자가 되거나 성공하는 것의 전부라고 생각하면 안 된다. 근면, 성실은 그저 기본일 뿐이다. 기본을 가지고 이야기해선 안 된다. 물론 착하고 성실하게 살면 그렇지 않은 사람들보다 조금 더 잘살 수 있는 확률은 있다. 이것은 그저 확률일 뿐이다. 실제로 그렇게 산다면 피곤한 일들을 많이 겪게 된다. 다른 사람의 부탁을 거절하지 못해 자신의 소중한 돈과 시간과 에너지를 빼앗기게 된다. 돈을 빌려달라는 친한 지인의 부탁을 거절하지 못해 거액의 돈을 빌려주었다가 돌려받지 못한 사람들도 많다. 좋았던 관계가 채무로 인해 소송까지 가기도 한다. 착한 사람은 흔히 사람들에게 좋은 사람으로 비춰지기 위해 노력한다. 그렇다 보니 착한 사람은 당할 수밖에 없다. '사자 냄새가 나는 사람들에게 좋은 먹잇감이 되고 만다.

착한 사람은 정작 자기 자신에게는 착하지 못하다. 자기 내면에선 다른 사람의 부탁을 거절하지만 이기적인 사람으로 비춰질까 봐 두려운 것이다. 그래서 착한 사람, 좋은 사람이 되기 위해 스스로를 희생한다. 그래서 착한 사람이 악한 사람이 되기 십상이다. 사람들에게 착한 사람으로 보이려고 노력하는 일이 쉽지만은 않다. 도를 닦는 일이다. 결국 이런 사람들은 참다못해 폭발하거나 우울증이나 공황장애를 앓게 된다. 영혼이 망가진다. 다른 사람들에게 잘 보이기 위해 자신의 인생은 물론 영혼까지 망치는 것이다.

우주는 우리가 바라는 것을 창조하는 주방이다

하나님은 우주라는 시스템을 만드셨다. 우주는 절대 우리의 생각과 말, 행동에 대해 판단하지 않는다. 우주는 우리가 바라는 것을 창조하는 주방이라고 보면 된다. 우주의 관점에서 보면 우리가 하는 어떤 엉뚱한 생각일지라도 모두가 가능한 것이다. 그리고 어떤 사람도 착하거나 나쁘거나 하지 않다. 모두 개개인의 역할을 하고 있을 뿐이다.

우주가 창조하지 못하는 것은 단 하나도 없다. 완벽하게 우리가 원하는 모든 것이 창조 가능하다. 흥미로운 것은 우리가 소망을 떠올리는 순간 이미 우주에선 그것을 창조하기 시작한다는 것이다. 우주는 우리가 어떤 생각과 감정을 가질 때 실시간으로 감지하기 때문이다. 그런데 대다수의 사람은 어떤 것을 구하다가도 금세 취소 버튼을 누른다. 다시 다른 것을 구하기 시작한다. 그리고 다시 취소 버튼을 누르고 다른 것을 구하는 식이다. 그러니 우주가 제대로 된 작품을 만들 수 없게 된다.

나는 사람들에게 무조건 착하고 성실하게 살지 말라고 충고한다. 우주는 착하고 성실한 사람보다는 지혜로운 사람을 좋아한다. 지혜로운 사람이 하나님께 복을 받는다. 성경에 보면 예수님을 영접하는 자매의 모습이 소개된다. 언니 마르다는 예루살렘으로 향하던 예수와 제자들을 자신의 집으로 초대했다. 마르다는 예수님과 제자들을 위해 분주하게 움직였다. 그러나 동생 마리아는 예수님의 발치에 앉아 그저 말씀을 듣고 있었다. 이에 마르다가 예수에게 다가와 동생은 예수님의 말씀 듣는 가운데 자신만 분주하게 일하는 것에 대해 불평을 하게 된다. 그러자 예수님은 마르다에게 "몇 가지만 하든지 혹은 한 가지만 하라"고 조언한다. 그러면서 "마리아는 이 좋은 편을 택하였으니 빼앗기지 아니하리라."라고 말씀하셨다. 예수께서는 음식을 만들기 위해 분주히 움직이고 있는 마르다의 편을 들지 않았다. 오히려 음식을 하거나 마리아처럼 한 가지만 하라고 말씀하신 것이다.

나는 마르다의 입장이 이해가 간다. 자신은 바쁘게 음식을 하고 있는

데 동생은 귀하신 예수님 가까이 앉아서 말씀만 듣고 있으니 질투가 났을 것이다.

나는 예수님의 말씀이 바로 우주의 시스템이라고 생각한다. 우주 역시 마르다처럼 누군가에게 잘 보이기 위해 분주하게 움직여도 칭찬하지 않는다. 오히려 이런 사람일수록 인생이 풀리지 않는다. 겉으로는 좋은 사람으로 비춰질지 모르지만 속마음은 불평으로 가득 차 있다. 우주는 그 사람이 하는 불평에 맞는 일들을 창조하기 때문이다. 반면에 마리아는 예수님의 말씀을 듣는 편을 택했으니 마음이 기쁨과 행복으로 찼을 것이다. 이런 마음 상태는 우주가 마리아에게 행복한 일들을 창조하도록 명령한다. 은혜로운 일들만 일어나게 된다. 마음이 행복한 사람은 행복한 일들을 경험하게 되고, 마음이 옹졸하고 어두운 사람은 불행한 일들만 겪게 된다. 이것이 우주의 법칙이다.

외부 현실은 내면세계가 투영되어 나타난 것이다

부자가 되고 싶다면 먼저 행복한 사람이 되어야 한다. 내면이 풍요로 가득 차지 않은 사람은 절대 부자가 될 수 없다. 외부 현실은 내면세계가 투영되어 나타난 것이다. 내면세계가 밝고 아름다운 사람은 생각과 말뿐 아니라 행동까지 아름답고 밝다. 강한 기운마저 느껴진다. 이런 사람 주위에는 도움을 주려는 사람들로 가득하다. 자연히 하는 일이 잘될 수밖에 없다.

그러나 내면세계가 음울하고 어두운 사람은 생각과 말 역시 우울하고 부정적이다. 행동 역시 전쟁에서 진 패잔병과 다름없다. 어떤 긍정의 에너지를 느낄 수 없다. 우주는 이런 사람의 에너지 주파수에 맞는 우울하고 불행한 일들을 끌어다 주게 된다. 크게 성공하고 부자가 된 사람들 가운데 얼굴 표정이 우울하거나 말에서 자신감이 느껴지지 않는 사람은 단 한 사람도 없는 이유가 여기에 있다.

비전학의 대가 옴람 미카엘 아이반호는 1967년 한 강연에서 이렇게 말했다.

"창조주는 모든 피조물에게 자기의 일부를 심어두었다. 창조주와 본질적으로 같은 이 영혼, 이 불꽃 덕분에 모든 피조물은 창조주가 될 수 있다. 인간은 외부로부터 욕구가 채워지기를 기다리는 대신 자기 내면의 생각, 의지, 영혼을 이용하여 풍요와 치유를 얻을 수 있다."

나는 하나님께 모든 지혜와 전지, 전능, 권세를 받았다고 믿고 있다.

내가 하는 모든 일이 잘될 수밖에 없는 것이다. 하나님의 지혜로써 어떤 일에 대한 계획을 세우고 이루어나가기 때문이다. 무엇보다 나는 매순간 아버지 하나님과 함께 일을 하고 있다고 생각한다. 하나님은 내게 영감으로 말씀하신다. 하나님께서는 내가 원하는 것을 원하신다는 것을 알고 있다. 내가 원하는 일을 하는 과정에서 하나님은 영광을 받으신다. 물론 나 역시 충만함을 경험한다.

세계적인 자기계발 작가인 웨인 다이어. 그는 저서 『확신의 힘』에서 상상의 법칙에 대해 말하고 있다. 간단하게 요약해보겠다.

"실현하고 싶지 않은 생각을 절대로 상상 속에 끌어오지 마라. 지금까지의 삶이 어땠는지에 대한 생각으로 상상을 오염시키지 마라. 존재하지 않던 대상이 일상에 나타나는 기적을 경험해보지 않았다고 해서 현재의 상황을 만든 생각들로 상상의 힘을 해치지 마라. 우리가 무엇을 할 수 있고 할 수 없는지, 어떻게 생각해야 하는지, 어떤 사람이 되어야 하는지에 대한 어느 누구의 생각도 우리의 상상에 침투할 수 없게 하라."

웨인 다이어의 말을 기억해야 한다. 더 나은 삶을 살고자 한다면 자신이 바라는 것만 상상해야 한다. 원하지 않는 것들은 절대 떠올려선 안 된다. 우리가 매 순간 상상하는 것들이 미래가 되기 때문이다. 과거의 나는 이 진리를 알지 못했다. 그래서 힘든 상황에 대한 불평만 했던 것이다. 아직 일어나지 않은 일을 떠올리며 불안감에 휩싸이곤 했다. 그러자 정말 상상했던 일들이 그대로 일어났다. 우주의 법칙을 이해한 지금에서 보면 하나님이 내게 힘든 일들을 안겨주신 것이 아니라 내가 생각의 힘으로 끌어당겼다는 것을 알고 있다.

우주는 좋고 나쁨을 판단하지 않는다. 다만 우리의 느낌과 감정, 생각과 상상에 맞는 것들을 끌어다줄 뿐이다. 따라서 원하는 것들만 상상해야 한다. 우주는 우리가 명령을 내리길 기다리고 있다.

하나님의 관점에서 어떤 것도 나쁘거나 선하지 않다. 성공과 실패가 아닌, 깨달음과 체험만이 있을 뿐이다. 하나님의 세계에서는 모든 것이 '사랑'이다.

– 김도사의 『기적수업』 중에서 –

인생을 바꾸기 위해서는 반드시 의식의 변화가 있어야 한다.

과거와 같은 의식으로는 절대 인생이 변하지 않는다.

모든 것은 의식에서 창조되기 때문이다.

– 김도사의 『기적수업』 중에서

22

생각은 우주에
보내는 주문이다

내 안에 창조의 원리와 힘이 있다

우주는 우리가 원하는 모든 것들을 창조할 수 있는 주방과 같다. 그 어떤 것을 주문하더라도 실현된다. 다만 전제되어야 할 것이 있다. 우주에 제대로 된 주문을 해야 한다는 것이다. 자신이 원하는 것을 구체적으로 정확하게 주문해야 한다. 모호하거나 두루뭉술하게 주문해선 안 된다.

예를 들어 누군가 음식점에서 주문을 하는데 "아무거나 주세요."라고 한다면 종업원은 혼란스러울 것이다. 정말 음식이 아무거나 나오게 된다. 대부분의 사람은 인생을 살면서 자신이 무엇을 원하는지 정확하게 알지 못한다. 그 것은 우주에 "아무거나 주세요."라고 주문하는 격이 된다. 남들과 비슷한 인생을 사는 이유이다.

우주에서 가장 강력한 것은 생각이다. 하나님도 우주를 창조하실 때 생각을 통해 지금과 같은 우주의 이미지를 그렸고 그것을 입으로 명령하셨다. 그 결과 우주가 탄생된 것이다. 나는 내 안에 창조의 원리와 힘이 있다는 것을 알고 있다. 내 안에 계신 아버지 하나님으로부터 그 원리와 힘이 나오는 것이다. 이 진리를 아는 사람은 깨달은 사람이다. 깨달은 사람은 영의 눈으로 보고 그것을 실현한다.

육의 눈은 눈앞의 것만 볼 수 없지만 영의 눈은 미립자의 세계를 넘어 다른 차원의 세계까지 볼 수 있다. 영의 눈을 가진 사람은 근원을 알기에 아무리 복잡한 문제일지라도 단순하게 생각한다. 단순하게 접근할 때 해결책이 보이게 된다. 몸이 아픈 사람의 병을 금세 고칠 수 있는 것 또한 그 병이 어디에서 기인했는지 알기 때문이다. 마음과 육신의 조화가 깨져 생겨난 것은 다시 조화로워지면 사라지게 된다. 이것이 예수께서 병자들을 치유한 방식이었다.

생각의 힘은 강력하다. 우리가 하는 생각은 현실로 나타내려는 속성을 가지고 있다. 지금 내가 누리고 있는 환경은 과거 내가 했던 생각에서 비롯된 결과물이다. 우리가 어떤 생각을 하게 되면 생각과 일치되는 말을 하게 된다. 예를 들어, '나는 가난이 싫어!'라는 생각을 했다고 가정해보자. 곧이어 "나는 절대 가난하게 살지 않을 거야!", "나는 무엇이든 다 가질 수 있는 부자로 살 거야!"와 같은 말을 하게 된다. 말을 하는 순간 말에 담겨 있는 그 파동은 점점 더 커지게 된다.

내가 한 말의 파동은 우주 끝까지 갔다가 다시 내게로 돌아온다. 결국 내가 내뱉은 말의 영향을 내가 받게 되는 것이다. 다른 사람을 미워하거나 원망하는 말을 했을 때 결국 내게 하는 말이 된다는 뜻이다. 평소 남을 비방하고 폄하하고 상처 주는 말을 자주 하는 사람들의 삶을 잘 관찰해보면 알 수 있다. 자신이 평소 말하는 대로 남들에게 상처받으며 가난하게, 고통받으며 살아가고 있다는 것을.

생각의 힘은 우리가 알고 있는 상식적인 사실을 초월한다

우주에는 셀 수도 없을 만큼 많은 생각들이 공기처럼 떠다니고 있다. 우리보다 먼저 살았던 사람들, 다른 행성에서 살고 있는 존재들의 생각들이다. 생각에는 자력뿐만 아니라 저마다 주파수가 있다. 내가 어떤 생각을 하면 내 생각의 주파수와 맞는 생각들을 끌어당기게 된다. 가난한 생각을 하게 되면 앞서 가난한 생각을 했던 사람들의 생각들을 끌어당기게 된다. 더욱더 가난해질 수밖에 없는 환경에 처하게 된다. 반대로 부와 관련한 생각을 한다면 부를 쌓은 사람들이 했던 생각들을 끌어오게 된다. 그들이 성공할 수 있었던 영감을 얻게 된다. 이것이 바로 끌어당김의 법칙이다. 지구에 중력의 법칙이 작동하듯이 우주에는 끌어당김의 법칙이 쉬지 않고 작동하고 있다. 지구는 우주에 귀속되어 있다. 그래서 지구의 모든 것은 끌어당김의 법칙의 지배를 받고 있다. 끌어당김의 법칙을 제대로 이해하지 못하고 이를 실천하지 않는 사람들은 힘들게 살 수밖에 없는 것이다.

생각의 힘은 우리가 알고 있는 상식적인 사실을 초월한다. 보통 밀알을 땅에 심은 뒤 몇 개월이 지나야 추수가 가능하다. 그런데 생각의 법칙을 이용하면 상식을 뛰어넘는 일이 일어난다. 베어드 T. 스폴딩의 『초인들의 삶과 가르침을 찾아서』를 보면 에밀 대사는 밀알을 땅에 심은 후 생각의 법칙으로 순식간에 추수할 수 있는 상태의 밀알로 자라게 했다. 그리고 그 밀을 갈아 빵을 만들기도 했다.

생각의 법칙에 대해 에밀 대사는 이렇게 말했다.

"나는 나의 마음에 밀을 형상화했습니다. 나는 법칙을 수행했고, 그것은 때가 되면 나타날 겁니다. 보통의 경우 씨앗을 심고 열매를 거두기까지는 오랜 시간이 필요합니다. 그렇다면 지금 막 심은 씨앗에서 밀을 거두려면 상당한 시간 동안 기다려야 합니다. 그러나 저는 아버지께서 우리에게 주신, 더 완전하고 고귀한 법칙을 사용했습니다. 이 법칙을 사용하기 위해서는 거두고자 하는 밀을 침묵 속에서 구체적으로 형상화하기만 하면 됩니다."

에밀 대사의 말은 바라는 것을 생각의 법칙으로 당장 얻을 수 있다는 것이다. 그러기 위해선 생각 속에서 바라는 것을 구체적으로 형상화할 수 있어야 한다. 사실 예수도 이 법칙으로 많은 기적들을 행하셨다.

예수께서 갈릴리에서 제자 빌립에게 물으셨다. "우리가 어디서 떡을 구해서 이 많은 사람들을 먹일 수 있겠느냐?" 이렇게 말씀하신 것은 빌립을 시험하기 위해서였다. 제자들은 5,000명의 군중을 보며 그들에게 먹일 떡을 구하지 못해 당황했다. 사실 시장에서 5,000명이나 되는 사람들을 먹일 떡을 구할 수도 없었다. 그러나 예수는 하나님의 권능으로 그 많은 사람들을 먹일 수 있다는 것을 알고 있었다. 예수는 인간적인 사고방식이 아닌 신의 의식을 가지고 있었다. 그는 믿는 자에게 그 어떤 한계도 없다는 것을 알고 있었다. 그가 한 것은 아버지 하나님께서 필요한 것을 불러낼 수 있는 능력을 주신 것에 대해 감사 기도를 드린 것뿐이었다.

그 결과 떡은 5,000명이 넘는 사람들이 배불리 먹고도 12광주리 이상이 남았다. 예수께서 행하신 것이 생각의 법칙이다.

하나님은 나를 통해 자신의 소망을 표현하기를 바라신다

예수는 "내가 하는 일을 너희도 할 수 있고, 이보다 더 큰일도 할 수 있다."라고 하셨다. 우리가 자신과 같은 하나님의 자녀라는 의미로 말한 것이다. 자신이 한 일을 왜 너희는 하지 못하느냐, 하나님의 권능에는 한계가 없듯이 너희들의 권능 또한 한계가 없다는 것을 말씀하신 것이다. 하나님께서 이 땅에 예수를 보내신 데는 분명한 의도가 있다. 우리 또한 하나님처럼 창조하는 존재가 되기를 바라고 계신다는 것을 알게 하기 위해서이다. 예수께서 십자가에 못 박혀 죽은 지 사흘 만에 부활하신 것도 우리에게 능히 죽음을 극복할 수 있다는 것을 생생히 보여주기 위해서였다. 우리를 가로막는 것은 나 자신 외에는 아무 것도 없다. 예수께서는 그것을 보여주신 것이다.

생각의 법칙에 대해 아는 사람은 아무리 현실이 힘들다고 해서 비관하지 않는다. 자신이 소망하는 것을 구체적으로 생각으로 품을 때 현실이 된다는 것을 알기 때문이다. 생각 하나만 바꿔도 당장 지옥에서 천국으로 임할 수 있다. 과거에 나는 성경에 나오는 탕아와 같은 비참한 처지에 내몰렸다. 돈이 없어 3,000원짜리 국밥조차 사먹지 못해 편의점에서 라면으로 허기를 때우곤 했다. 한 푼이라도 아끼기 위해 5~6 정거장은 기본으로 걸어다녀야 했다.

당시의 나는 가난한 부모 밑에 태어났기에 나 역시 빈자로 규정했다. 그래서 작은 마인드에 옹졸한 생각을 하게 되었다. 그러나 나는 하나님께서 당신의 자녀인 내가 돼지가 먹는 쥐엄 열매 같은 음식을 먹으며 살기를 바라지 않으신다는 것을 깨달았다. 솔로몬처럼 부유하게 살기를 바라신다는 것, 그러면서 나를 통해 하나님 자신의 소망을 표현하기를 바라신다는 것을 알게 되면서 의식을 바꾸었다. 그러자 초가삼간 같았던 내 삶은 황금이 넘쳐나는 솔로몬의 궁궐로 바뀌었다.

생각은 우주에 보내는 주문이다. 내가 하는 생각은 곧장 우주라는 주방에 보내는 주문서와 같다. 생각은 좋은 것이든, 나쁜 것이든 그대로 창조한다. 그러니 이왕이면 좋은 것, 원하는 것을 생각하는 것이 좋지 않을까. 내가 바라는 것들로 하나씩 채워나가는 것이 인생이다. 그동안 살아온 인생이 마음에 들지 않는다면 이제부터 다른 생각을 해보자.

우주에는 한계란 없다. 소망하는 것들을 구체적으로 생각해보자. 구체적으로 떠올릴 수 있다는 것은 그것을 진정으로 바란다는 뜻이다. 우주는 이미 우리가 바라는 모든 것을 갖춰놓고, 그것을 주문하기를 기다린다.

형이상학자 네빌 고다드의 말을 기억해보자.

"여러분이 진정 누구인지를 이제 깨달아 자신의 내부의 그리스도가 인간의 상상력이라는 아주 담대한 선언을 하는 데 주저하지 마십시오. 그때 여러분은 더 이상 외부의 힘에 의존하지 않게 될 것입니다."

나에게 주어진 유일한 과업은 위대한 생각의 힘으로
꿈꾸었던 인생을 사는 것이다.

- 김도사의 『기적수업』 중에서 -

23

이렇게 기도하면 소망이 현실이 된다

응답 받는 기도는 따로 있다

나는 작가, 코치, 강연가, 1인 창업가로 활동하고 있다. 내가 하는 일이 하나님께서 주신 소명임을 깨닫고 목숨 걸고 했다. 그 과정에서 자연스레 150억의 자산을 이룰 수 있었다. 지금은 경제적 자유인으로서 부족함 없이 살지만 과거에는 그렇지 못했다. 가난한 집안 배경에 무스펙, 말더듬, 20대 후반에는 갑작스레 아버지께서 세상을 떠나시는 바람에 거액의 빚 유산까지 물려받게 되었다. 당시 나는 아버지를 위해 해드릴 수 있는 유일한 길은 나 혼자의 힘으로 단기간에 빚을 갚는 것이라고 믿었다. 낮에는 초·중·고등학생들에게 독서 논술 지도를 했고, 밤에는 원고를 썼다. 새벽 4시가 되어서야 잠들 수 있었다.

보증금 20만 원에 월세 17만 원짜리 자취방에서 생활했다. 한 푼이라도 절약하기 위해 하루 두 끼 라면을 먹으며 버텼다. 가끔 2,500원짜리 돼지국밥을 사먹곤 했는데 내 형편에 사치라는 생각이 들어 한참이나 고민해야 했다. 여름에는 바람이 들지 않는 방에서 팬티만 입고서 무더위와 싸워가며 원고를 썼다. 온몸에선 땀이 빗줄기처럼 흘러내렸다. 겨울에는 냉골 같은 방에서 시린 손에 입김을 불어가며 원고를 써야 했다. 4시간가량 원고를 쓰고 책상에서 일어나면 다리와 무릎이 마치 나무 막대마냥 뻣뻣하게 굳어 있었다.

나는 지독한 가난이 너무나 싫었다. 어떻게 보면 노숙자와 다름없는 인생이었다. 아무리 열심히 살아도 내 삶은 좀처럼 나아지지 않았다. 하루에도 수백 번 하루 빨리 작가로 성공해서 빚을 갚고 부유하게 살고 싶다는 생각을 했다. 나는 자주 하나님에게 다음과 같은 기도를 드렸다.

"아버지 하나님, 저는 작가가 되기 위해 7년이라는 세월을 감내해야 했습니다. 500번가량 출판사로부터 거절을 당하면서도 포기하지 않았고 작가가 되었습니다. 그런데 작가가 된 지 얼마 지나지 않아 아버지께서 가난을 이기지 못하시고 세상을 버리셨습니다. 저는 너무나 막막합니다.

저는 누구보다 치열하게 원고를 쓰고 열심히 살고 있습니다. 이런 저의 열심히 사는 모습을 높이 봐주셔서 빨리 10만 부, 100만 부 베스트셀러 작가가 될 수 있게 도와주십시오. 그렇게 해서 빚을 모두 갚고 부자로 살고 싶습니다. 하나님, 꼭 저의 기도를 들어주실 줄 믿습니다."

나는 기도가 이뤄질 것이라고 믿었다. 하나님이 누구보다 고군분투하며 사는 나의 모습을 누구보다 잘 알고 계시다고 생각했기 때문이다. 그러나 나의 기도는 이루어지지 않았다. 그 이유를 당시에는 알지 못했다. 하지만 지금에 와서 생각해보면 내 기도가 하나님께 닿지 않은 이유를 알 수 있다. 나는 하나님께 기도를 하면서 원망과 불만이 섞인 부정적인 기도를 했기 때문이다. 기도의 응답을 받기 위해선 분명한 법칙에 따라야만 한다.

응답받는 기도의 비결

내가 너무나 좋아하는 책이 있다. 베어드 T. 스폴딩의 저서 『초인들의 삶과 가르침을 찾아서』이다. 이 책에 보면 이런 말이 나온다.

"바라는 소원이 이루어지면 그것을 우리가 올바른 방법으로 기도했다는 것을 알 터이지만, 이루어지지 않는다면 잘못 구했다는 것을 알아야만 합니다. 기도가 응답되지 않는 잘못은 하느님께 있는 것이 아니라 우리에게 있다는 말입니다. (중략) 기도가 응답되지 않으면 어쩌나 하는 두려움이나 불신앙을 몰아내고, 영혼 깊은 곳에서 우리에게 필요한 것은 이미 주어졌다는 확신을 가지고 기뻐해야 합니다."

자신이 하는 기도가 이루어진 것은 제대로 기도를 했기 때문이다. 반대로 기도가 성취되지 않으면 올바르지 않은 방법으로 기도했다는 것을 알아야 한다. 기도가 이루어지지 않는 것에 대한 잘못은 하나님께 있는 것이 아니라 온전히 자신에게 있다. 그렇다면 하나님으로부터 응답받는 기도는 어떻게 해야 하는 것일까? 『초인들의 삶과 가르침을 찾아서』에 기도법이 제대로 설명되어 있다.

"응답받는 기도의 비결은 마음이 흩어지지 않고 하나가 되는 데 있습니다. 온 세상이 자기를 반대할지라도 정신을 차리고 하느님만 의지하는 흩어지지 않는 마음만이 기도의 응답을 가져옵니다. 예수께는 이 점을 '나만으로는 할 수 없으나 내 안에 계신 아버지께서 모든 것을 하신다.'라는 말씀으로 표현했습니다. 하느님에 대한 신앙을 가지고 의심하거나 두려워하지 않는 마음의 소원은 반드시 이루어집니다. 하느님의 권능은 무한하다는 사실을 기억하시기 바랍니다. 하느님은 모든 것을 이루실 수 있는 분이라는 생각을 마음속 깊이 간직하고 기도를 드리라는 말씀입니다."

나는 이 방식으로 기도하기 시작했다. 그러자 완전히 달라졌다. 기도하는 시간도 훨씬 줄어들었고 무엇보다 마음이 편해졌다. 하나님께서 나의 기도를 들어주시지 않으면 어쩌나 하는 의심이나 불신앙이 사라졌다. 믿음을 가지고 구하면 하나님께서 이루어주실 것임을 믿었다.

나는 다음 5가지를 기억해서 기도했다.

첫째, 소원을 가지는 것 자체가 기도라고 생각한다.

둘째, 짧고 간결하게 기도한다.

셋째, 완전한 상태만을 구하는 긍정적인 말만을 사용하되 현재 완료형 말버릇으로 기도한다.

넷째, 기도를 하면서 내가 구하는 것이 이미 이루어졌음을 믿는다.

다섯째, 의심하는 마음을 버리고 확신과 믿음을 가지고 기도한다.

이런 방식으로 기도를 드리기 시작했다. 그러자 정말 놀라운 일들이 일어났다. 내가 구하는 것들이 하나씩 이루어졌다. 거액의 빚을 단 2년 만에 갚을 수 있었고, 내가 쓴 책들이 글들이 교과서에 수록되었다. 원룸에 살던 내가 50평 아파트에서 살게 되었고, 많은 사람들의 삶을 변화시키는 코치, 강연가, 1인 창업가가 되었다. 지금은 경제적 자유인이 되었다. 지금에야 고백하자면 하나님은 모든 사람에게 복을 주시는데 사람들이 복을 받는 방법을 모르고 있을 뿐이다. 그래서 소망이 성취되지 않고 가난하게 사는 것이다.

기도 후 확신과 믿음을 가지고 하나님께 맡겨라

하나님께 드리는 기도는 무조건 실현된다. 내가 그 산증인이다. 그리고 나에게 올바른 기도 법을 배운 수많은 사람들 역시 삶이 달라졌다. 기도를 할 때는 완전한 상태를 구하는 긍정적인 말만 해야 한다. 일절 부정적인 말은 사용해선 안 된다. 몸이 아픈 사람이 기도를 할 때는 병을 고쳐달라고 기도하기보다 건강한 상태를 구해야 한다. 가정이 화목하지 않거나 관계에서 고통을 겪고 있는 사람은 불행에서 벗어나도록 도와달라고 할 것이 아니라 조화로움을 구해야 한다. 가난을 면하게 해달라고 구하기보다 가난에서 벗어날 수 있는 지혜를 간구해야 한다. 이런 기도는 응답받게 된다. 기도를 했으면 어떤 방식으로 성취될지에 대해선 궁금해하거나 의심해선 안 된다. 하나님은 우주의 대원리이다. 하나님께서 우리의 기도를 성취하는 방식은 인간의 생각으로는 절대 이해할 수 없다.

우리는 단지 확신과 믿음을 가지고 하나님께 맡기면 된다. 무엇보다 구하는 순간 이미 얻었다는 믿음을 가지고 감사하는 마음을 가져야 한다. 감사하는 마음을 가진 사람은 자신의 기도가 이루어졌음을 알고 있다.

마지막으로 『초인들의 삶과 가르침을 찾아서』에 나오는 말을 기억해보자.

"제가 바라는 것은 보이지 않는 형태로 영적인 차원에 이미 존재하고 있음을 알고 있습니다. 저는 믿음의 법칙이 완성되어 현실로 나타날 날을 기다리고 있다는 것을 알기 때문에, 제가 이미 그것들을 소유하고 있다는 사실을 잘 알고 있습니다."

자기 믿음과 확신에 의지해서 나아가야 한다.
보이지 않는 것에 의지해서 걸어 나갈 때 원하는 것들을 창조하게 된다.

- 김도사의 『기적수업』 중에서 -

24

성경의 **달란트 이야기**에
담겨 있는 진짜 의미

지금은 단군 이래 가장 돈 벌기 쉬운 시대이다

세상에는 부와 기회들이 넘쳐난다. 지금 이 순간에도 수많은 사람이 부를 창출하고 있다. 빈자(貧者)에서 부자(富者)로 계층 이동하고 있다. 요즘은 지식과 경험이 돈이 되는 4차산업혁명의 물결을 타고 평범한 사람들이 고수익을 창출하고 있다. SNS, 유튜브만으로도 평범한 사람들이 꿈도 꾸지 못하는 경제적인 성공을 이루고 있다. 부를 창출하고 있는 그들은 지금이 단군 이래 가장 돈 벌기 쉬운 시대라고 말한다.

그러나 다른 한편에선 단군 이래 가장 먹고 살기 힘든 시대라고 호소

한다. 아무리 좋은 대학 나오고 스펙을 쌓더라도 일자리가 없다, 장사가 너무 안 된다 등의 말로 '헬조선'을 외친다. 같은 세상, 같은 시대를 살아가면서 어쩌면 이렇게 첨예하게 다를 수 있는지 의문이 들었다. 같은 세상을 살지만 세상과 돈에 대한 관점의 차이가 그들의 현실을 구분 했다고 생각한다. 세상에 기회가 널렸다고 믿는 사람의 눈에는 정말 기회뿐이다. 기회들을 잡기 위해 분주히 움직이며 준비한다. 그리고 세상에 넘쳐나는 돈을 볼 수 있는 사람은 그 돈의 주인이 되기 위해 노력한다. 반대 부류의 사람들이 스펙 쌓기에 여념이 없을 때 마인드를 키우고 자기계발을 한다. 돈이 자신에게 끌려올 수 있게 자력을 키우는 것이다.

나는 하나님보다 더 지혜로우며 부유한 분을 알지 못한다. 하나님께서는 지혜를 구하는 솔로몬에게 지혜와 더불어 부와 명예를 주셨다. 솔로몬은 이해력을 통해 만물에 능통하기를 소망했는데 하나님께서 그 기도를 들어주신 것이다. 솔로몬이 지혜를 구했기에 지혜의 샘이 열리게 되었고, 지혜의 왕이라는 칭송을 받으며 부와 명예를 누릴 수 있었다.

백성들을 사랑과 지혜로 다스리는 솔로몬에게 하나님은 "온 세상에 너와 같은 자가 없다."라고 말씀하셨다. 솔로몬이 하나님의 원리에 순종하고 지혜를 구했기 때문에 인류 역사상 가장 많은 재물을 보상으로 받은 왕이 될 수 있었다.

왜 많은 기독교인들이 지독한 가난에 고통받고 있을까?

어느 날 문득 나는 내게 책 쓰는 법에 대해 코칭받기 위해 찾아오는 교인들을 보며 이런 질문이 떠올랐다.

'왜 많은 기독교인들이 지독한 가난에 고통받고 있을까? 그들이 하나님의 뜻에 따라 살지 않아서, 헌금을 적게 해서 가난하게 사는 것일까? 하나님은 왜 주여, 주여 하며 울부짖으며 통성 기도를 쉬지 않고 하는 그들을 부자로 만들어주시지 않는 걸까?'

성경을 읽으며 우주의 법칙이 담겨 있는 책들을 읽으며 그 이유를 깨달을 수 있었다. 그들은 비록 교회에 나가나 성경의 감춰져 있는 비의적인 뜻을 알지 못하기 때문이다. 하나님이 어떤 분인지 제대로 알지도 못하거니와 하나님께서 만드신 우주의 법칙을 이해하지 못한다. 누군가 알려주더라도 이해하고 실생활에 활용하려기보다 이단으로 치부해버린다. 그들의 잠재의식에는 예수 천국, 불신 지옥이라는 개념이 각인되어 있다. 착하게, 성실하게, 겸손하게 살아야 한다는 논리를 의심 없이 따른다. 땀을 흘리는 자만이 더 잘살 수 있다고 생각한다.

그들은 누군가 쉽고 편하게 큰돈을 번다면 곱지 않은 시선으로 바라본다. 하나님보다 종교지도자인 목사를 더 두려워한다. 천국에서 권좌에 앉아 신도들을 벌하는 하나님이라고 세뇌를 하는 목사가 두려운 것은 어쩌면 당연한 이치이다. 내가 보기에 대부분의 교인은 진실하지 못한, 성경에서 예수께서 그렇게 싫어하고 멀리한 바리새인들과 같다. 겉과 속이 다른 바리새인들은 하나님보다 목사를 더 가까이한다. 사람들에게 인정받기를 원하고 자신의 것을 나눠주기를 꺼린다. 예수는 가난한 사람들을 위해 재물이 쓰일 때 천국에 상금이 쌓인다고 말씀하셨지만 그들은 이 땅에서 가진 재물들을 죽어서도 갖고 갈 수 있는 사람처럼 행동한다.

성경에는 달란트 이야기가 나온다.

"어떤 사람이 타국에 갈제 그 종들을 불러 자기 소유를 맡김과 같으니 각각 그 재능대로 하나에게는 금 다섯 달란트를, 하나에게는 두 달란트를, 하나에게는 한 달란트를 주고 떠났더니 다섯 달란트 받은 자는 바로 가서 그것으로 장사하여 또 다섯 달란트를 남기고 두 달란트 받은 자도 그같이 하여 또 두 달란트를 남겼으되 한 달란트 받은 자는 가서 땅을 파고 그 주인의 돈을 감추어 두었더니 한 달란트 받았던 자도 와서 가로되 주여 당신은 굳은 사람이라 심지 않은 데서 거두고 헤치지 않은 데서 모으는 줄을 내가 알았으므로 두려워하여 나가서 당신의 달란트를 땅에 감추어 두었었나이다 보소서 당신의 것을 받으셨나이다 그 주인이 대답하여 가로되 악하고 게으른 종아 나는 심지 않은 데서 거두고 헤치지 않은 데서 모으는 줄로 네가 알았느냐 그러면 네가 마땅히 내 돈을 취리하는 자들에게나 두었다가 나로 돌아 와서 내 본전과 변리를 받게 할 것이니라 하고 그에게서 그 한 달란트를 빼앗아 열 달란트 가진 자에게 주어라 무릇 있는 자는 받아 풍족하게 되고 없는 자는 그 있는 것까지 빼앗기리라"(마 25:14~29).

많은 사람들이 이 이야기의 비의적인 의미를 잘 알지 못한다. 이 이야기는 부에 관한 이야기이다. 하나님은 자녀들인 우리 모두가 부유하게 살기를 바라신다. 그래서 각자가 가진 달란트로 사업을 하라는 것이다. 한 달란트는 당시의 가치로 본다면 10억 원 정도가 된다. 5달란트를 받은 종은 50억 원으로 장사를 했고 이익으로 50억 원의 수익을 올렸다. 2달란트 받은 종 역시 장사하여 20억 원의 수익을 남겼다. 그런데 1달란트를 가진 종은 장사를 해서 아무것도 하지 않았다. 이익을 남길 생각보다 주인에게 받은 한 달란트를 땅에 묻어두고 지키는 데 시간과 노력을 허비했다.

이야기에 나오는 달란트는 모든 사람에게 있는 재능을 뜻한다. 종들은 성경이 쓰일 당시와 지금의 시대를 살아가는 사람들을 비유한 것이다. 주인은 하나님으로 해석하면 된다. 하나님은 이미 모든 자녀들에게 귀중한 재능을 주셨다. 그것을 한 달란트를 받은 종처럼 땅에 묻어두고 사장시켜선 안 된다. 2명의 종처럼 재능을 팔아서 몇 배로 수익을 올려야 한다. 그러할 때 부유한 삶을 살 수 있다. 무엇보다 달란트, 즉 재능을 사람들에게 팔 때 선한 영향력을 발휘할 수 있다. 이 과정에서 깨닫고, 성장하고, 천국 같은 삶을 살 수 있는 것이다.

나는 시련보다 더 큰 존재라는 것을 증명하고 싶었다

하나님은 한 달란트를 땅에 묻어둔 종처럼 게으르게 사는 자녀를 좋아하지 않는다. 남들과 비슷한 직장에 들어가 먹고살 만큼의 월급을 받으며 마지못해 사는 인생은 하나님이 바라시는 것과 거리가 멀다. 절대 세상의 기준과 편견으로 자신의 한계를 정해선 안 된다. 하나님의 방식에는 한계란 없다. 무궁무진하다. 우리가 가진 능력 역시 끝이 없다. 우리에게 한계가 없다는 것을 인식하고 믿을 때 하나님께 부여받은 전지전능한 능력이 나타나게 된다.

나는 하나님으로부터 어떤 달란트를 받았는지 잘 알고 있다. 물론 과거에는 알지 못했다. 그래서 누구보다 고통스런 삶을 살아야 했다. 하나님은 내가 달란트를 찾을 수 있도록 시련들을 준비해두셨다. 시련들을 하나씩 극복해야 할 때는 마치 내 삶이 무거운 돌을 언덕 위로 옮기면 굴러 떨어지고 다시 올려야 하는 노동을 하는 시지프스의 형벌을 받은 것 같았다. 그러나 어떤 계기로 하나님이 나를 누구보다 사랑하신다는 것을 체험하게 되었다. 내게 주어지는 모든 시련을 감사하게 받아들이기로 했다. 나는 시련보다 더 큰 존재라는 것을 증명하고 싶었다. 시련과 맞서 싸우자 시련은 변형된 축복임을 깨닫게 되었다. 시련을 하나씩 해결해나갈 때마다 나 자신이 성장하고 지혜로워진다는 것을 알았다. 무엇보다 가난한 부모 아래 태어나 2년제 대학 졸업장이 전부인 내가 앞으로 무엇을 하며 살아야 하는지 깨닫게 되었다. 그것은 바로 나의 이야기를 책으로 쓰고, 코칭과 강연으로 사람들을 변화시키는 1인 지식 창업가가 되는 것이었다.

나는 그동안 내가 겪은 시련들은 예수께서 광야에서 마귀에게 시험받은 것과 같은 것이었다. 성경에 예수께서 마귀에게 3가지 시험을 받은 이야기가 나온다.

"예수께서 마귀에게 시험을 받으시려고 성령의 인도로 광야에 가시니라. 사십 일 낮과 밤을 금식하신 후, 시장하게 되셨을 때에 그 시험하는 자가 그에게 나아와, 말하기를 네가 하나님의 아들이면 이 돌들에게 명하여 빵이 되게 하라 하더라. 그러나 주께서 대답하여 말씀하시기를 기록되었으되 사람이 빵으로만 사는 것이 아니요 하나님의 입에서 나오는 모든 말씀으로 사느니라 하였느니라 하시더라. 그러자 마귀는 주를 거룩한 도성으로 데리고 가서 성전 꼭대기에 세우고 말하기를 '네가 하나님의 아들이면 뛰어내려보라. 기록되었으되 그분께서 너를 위하여 자기 천사들에게 명하시리니, 그들이 손으로 너를 받들어서 어느 때라도 너의 발이 돌에 부딪히지 않게 하시리라' 하였느니라 하더라. 예수께서 그에게 말씀하시기를 또 기록되었으되 '너는 주 너의 하나님을 시험하지 말라 하였느니라 하시더라"(마 4:1~11).

예수께 마귀의 시험은 일종의 그리스도가 될 수 있는지의 시험이었다. 아직 초인의 의식을 갖지 못했다면 예수 역시 마귀의 유혹에 넘어갈 수 있었을 것이다. 그러나 초인 예수는 마귀가 주겠다고 하는 모든 것이 어디에서부터 오는지 그 근원을 알고 있었다. 영적인 세계, 즉 하나님께서 만드신 보편적인 세계에서 오는 것임을 잘 알았다. 영혼은 죽지 않는 영원불멸인 존재이다. 그렇기에 굳이 빵을 먹지 않아도 될 뿐 아니라 하나님의 진리로 살아야 한다는 것을 알고 있었다. 하나님의 말씀, 진리는 변하지 않는다. 변하지 않아야 진리이다. 진리로부터 우주의 모든 것이 나왔다는 것을 나는 알고 있다.

성경에는 성공하고 부자가 되는 법에 대한 지혜와 비법이 가득 담겨 있다. 나는 성경에 나오는 달란트 이야기를 통해 단기간에 부자가 되는 법을 깨우칠 수 있었다. 그러니 당신도 성경을 그냥 책으로만 대하지 마라. 하나님의 진리가 담겨 있는 우주 최고의 부자학, 성공학 책이라고 여겨야 한다. 성경의 행간에 숨어 있는 비의적인 의미를 이해하기 위해 노력해야 한다. 그 뜻은 의식을 높이면 저절로 이해가 된다. 의식이 높아지면 보아지 않아도, 보게 되고 들리지 않아도 듣게 된다. 의식을 높여 비의적인 뜻을 이해하면 예수께서 제자들에게 질책하며 말했던 '보아도 보지 못하며 들어도 듣지 못하며 깨닫지 못하는 어리석은 사람'이 되지 않는다.

인생을 바꾸기 위해서는 반드시 의식의 변화가 있어야 한다. 과거와 같은
의식으로는 절대 인생이 변하지 않는다. 모든 것은 의식에서 창조되기 때문이다.

– 김도사의 『기적수업』 중에서 –

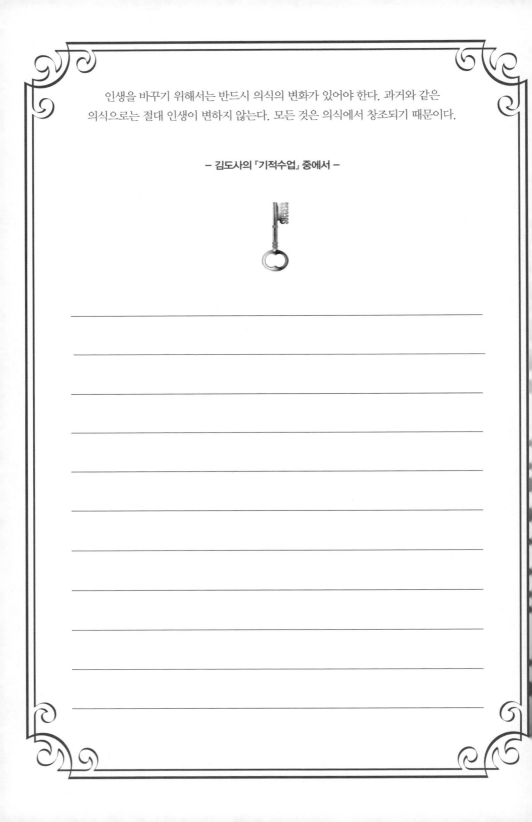

25

가난한 사람을 구제하려고
하지 말고 거리를 두라

가난한 사람들은 가난하게 살아갈 수밖에 없다

내가 살아오면서 뼛속 깊이 알게 된 것이 있다. 사람은 의식 수준에 맞게 살아간다는 것이다. 의식이란, 인간이 지각하고 있는 상태를 말한다. 의식 수준이 높은 사람은 보다 많은 것을 지각하게 된다. 어떤 일이든 알아서 깨달을 뿐 아니라 사물의 이치나 도리를 분별하는 능력이 뛰어나다. 자연히 많은 기회를 누리게 될 수밖에 없다.

가난한 사람들은 가난하게 살아갈 수밖에 없다. 의식 수준이 바닥이기 때문이다. 의식 수준이 낮기 때문에 이치와 원리를 이해하지 못한다. 그래서 눈앞의 것에만 시선이 간다. 눈앞에 보여야 믿고 눈에 보이지 않는 것들은 믿지 못한다. 물건을 사거나 교육 과정을 들을 때 가치보다 금액을 따진다. 결국 구입한 것들은 쓸모가 없게 되고, 수강한 강좌에선 결과를 내지 못하게 된다.

그동안 나는 한책협을 운영하면서 9년간 1,000명을 작가로 양성했다. 그들 가운데 많은 수가 작가를 넘어 코치, 강연가, 유튜버, 1인 창업가로 활동하고 있다. 대부분의 유명 작가는 내가 배출한 사람들이라고 봐도 과언이 아니다. 평생 글을 쓰는 일과 무관한 삶을 살아온 사람들을 단 5일에서 1개월 만에 원고 쓰게 해서 출판사와 계약시키고 있다. 대부분 1~3개월 후 책이 출간된다.

나는 사람들에게 책 쓰는 법에 대해 교육하면서 많은 힘든 일을 겪었다. 사실 내가 알고 있는 책 쓰는 법에 대한 원리와 노하우를 전수하는 일은 어렵지 않다. 종종 내가 수강생들에게 주었던 마음과 믿음에 대한 결과가 배신으로 돌아오는 것이 어렵다. 화장실 갈 때와 나올 때 마음이 다르다는 속담이 있다. 많은 사람들이 나를 만나 단 2개월 정도 만에 책 출간까지 되자 쉽게 감사한 마음이 변질되었다.

책 쓰는 법을 배워서 책이 출간되기까지 적어도 2~3년이 걸리면 고생한 과정이 있어 쉽게 감사한 마음을 저버리지 못한다. 그래서 이 부분이 항상 딜레마이다. 수강생들이 천천히 작가가 되도록 가르쳐야 하나, 이런 고민에 휩싸이곤 했다. 결론은 소수의 마음이 변질된다고 해서 내가 가진 최고의 실력을 사장시킬 순 없다는 것이다. 그렇게 되면 다수의 사람이 피해를 보게 된다. 인생을 낭비하는 일이 생긴다.

보통 책이 출간되면 외부 강연 요청이 들어오고, 그 책을 읽은 독자들로부터 상담이나 컨설팅 요청이 들어온다. 1인 창업 교육과정까지 수강한 사람들은 자신이 쓴 책의 내용을 토대로 교육과정을 개설하기도 한다. 몇 달 만에 직장생활하며 받는 연봉을 벌기도 한다. 그러니 개구리가 올챙이 시절을 기억하지 못한다고 자기가 잘나서 잘됐다고 착각한다.

어떤 사람들은 독학으로 책을 썼다고 말하기도 한다. 하지만 요즘은 인터넷에서 이름을 검색해보면 과거 이력이 다 나온다. 내게 책 쓰는 법과 1인 창업하는 법을 배웠다는 사실이 들통나 창피를 당하기도 한다. 나를 가장 화나게 하는 것은 내게 배운 책 쓰기 실력으로 달랑 한두 권의 책을 쓰고 책 쓰는 법을 알려주는 코치로 활동하는 것이다.

어떤 코치는 내가 쓴 책 쓰기 기술이 담긴 책의 목차와 내용 등을 그대로 베껴서 책 쓰는 법을 알려주는 책을 출판하기도 한다. 황당하기 짝이 없다. 하지만 나는 잘 알고 있다. 이런 사람들은 돈을 좇기 때문에 얼마 못 가 사라진다는 것을.

성공하고 부자가 되는 데 배경과 스펙은 중요치 않다

요즘 나는 책 쓰기 과정에 등록하려는 사람들과 면담을 한 후 등록시키고 있다. 아무나에게 나의 24년 책 쓰기 노하우를 전수해주고 싶지 않기 때문이다. 한책협에서는 책 쓰기 1일 특강을 진행한다. 특강에 참여한 사람들만 5주 책 쓰기 과정에 등록할 수 있는 자격이 주어진다.

이 과정은 등록비를 지불한다고 해서 아무나 등록할 수 없다. 나와의 면담을 거치면서 책 쓰기에 대한 강한 열망이 있는지, 내가 가르치는 교육 과정에 대한 가치, 코치진에 대한 예의, 여기에 상대의 관상까지 보며 선한지, 악한지 여부까지 판단한다. 더 이상 사람 때문에 힘들고 싶지 않기 때문이다.

하루에도 수십 명의 사람이 내게 연락을 한다. 문자 메시지, 카카오톡 메시지를 보내오거나 전화를 하는 사람들도 많다. 미국과 일본, 중국, 대만 등 해외에서도 많은 연락이 오고 있다. 나는 최대한 그들에게 친절하게 조언해주고 있다.

내가 사람들을 만나거나 코칭할 때 보지 않는 것이 있다. 집안 배경과 스펙이다. 작가, 코치, 강연가, 유튜버, 1인 창업가가 되는 데 그러한 것들은 중요치 않다. 나 자신이 과거 무스펙, 흙수저였지만 지금은 성공한 작가, 코치, 유튜버, 1인 창업가로 경제적 자산을 이루었기 때문이다.

내 경험상 세상이 만들어놓은 외적인 기준은 불필요했다. 내가 보는 것은 상대의 의식 수준이다. 비록 현실은 가난할지라도 내면세계가 부유함으로 가득 차 있다면 얼마 안 가 현실이 달라진다. 경제적 안정이 찾아오고 부자가 된다. 지금 눈에 보이는 외부 현실은 내면세계가 투영되어 나타난 것이다.

나는 가난한 의식을 가진 사람들은 만나지 않는다. 가난한 사람들은 의식 자체가 부자들과 다르다. 내가 아무리 의식세계를 바꾸기만 하면 삶이 달라진다고 조언해도 귀담아 듣지 않는다. 스스로 평생을 가난하게 살아갈 거라고 믿고 있다. 더 힘든 가난을 예측하고 있는 사람을 도와줄 방법은 없다. 그들을 도와주려고 하다가는 내가 가진 귀한 에너지를 소진하게 된다. 이 에너지는 내가 알고 있는 진리와 지혜를 받아들일 자격이 있는 사람들에게만 쏟아야 한다.

나는 사람들에게 "가난한 사람을 구제하려고 하지 말고 거리를 두라."라고 말한다. 의식이 가난한 사람들은 더 나아지고자 하는 욕망이 없는 자들이다. 욕망이 없는 탓에 게으르고 부정적이다. 어떤 지혜를 들려줘도 삐딱하게 받아들인다. "당신이니까 가능했지."라고 말한다. 그들이 바라는 것은 성공자들의 성공 경험이나 지혜가 아니다. 오로지 돈과 기회이다. 그 외에는 관심이 없다. 그 누구도 그들을 도울 수 없다. 뼛속 깊이 가난한 그들과 멀리하는 것이 상책이다.

거룩한 것을 개에게 주지 말라

성경에 보면 예수께서 "거룩한 것을 개에게 주지 말며 너희 진주를 돼지 앞에 던지지 말라 그들이 그것을 발로 밟고 돌이켜 너희를 찢어 상하게 할까 염려하라"(마 7:6).라고 말씀하신다. 예수께서 하신 말씀은 가치를 아는 사람, 받을 자격이 있는 사람에게만 귀한 것을 줘야 한다는 것이다. 그렇지 않으면 귀한 것도 잃고 상처까지 받을 수 있기 때문이다. 보석보다 귀한 것이 지혜이다. 지혜는 경험을 통해서 얻을 수 있다. 우리는 지혜를 얻기 위해 이 세상에 태어났다. 지혜는 우리를 앞으로 나아가게 하고 영적인 성장까지 이루어지게 한다. 지금처럼 인류 문명이 발달할 수 있었던 것은 개개인의 지혜 덕분이다.

지혜를 가치로 매긴다면 대체 얼마일까? 결코 화폐로 환산할 수 없다. 그런데 귀한 지혜를 개와 돼지 같은 사람들(현실주의자)에게 대가 없이 내어준다면 어떻게 될까? 짓밟혀 더럽혀지게 될 것이다. 그들은 지혜가 얼마나 귀한지 모른다. 그들이 원하는 것은 오로지 현실적인 것들이다. 솔로몬이 하나님께 기도하며 간구한 것은 재물이나 명예가 아닌 지혜였다. 백성들을 잘 통치하기 위해선 지혜가 필요했기 때문이다. 그런데 하나님은 백성들을 생각하는 그 마음을 아시고 지혜에 재물과 명예까지 덤으로 주셨다. 지혜는 가치 있는 사람들에게 고가로 팔아야 한다. 지혜가 있다면 원하는 것을 얻을 수 있기 때문이다.

예수는 "진리가 너희를 자유케 하리라."라고 말씀하셨다. 이 말씀은 의식이 모든 것을 결정한다는 진리를 아는 사람들은 모든 제약으로부터 벗어날 수 있다는 뜻이다. 의식이 전부이다. 과거에 가졌던 의식이 지금의 나를 있게 했다. 지금 가진 의식이 다가오는 미래의 나를 만들어간다. 삶을 바꾸고 싶다면 가장 먼저 의식 변화가 일어나야 한다. 의식은 조금씩 변화시키는 것이 아니다. 일순간에 의식이 통째로 바뀌어야 한다. 그렇지 않고선 결코 의식을 바꿀 수 없다.

마지막으로 베어드 T. 스폴딩의 『초인들의 삶과 가르침을 찾아서』에 나오는 내용을 기억해보라.

"자기 자신을 물리적 존재라고 생각하는 것에서 벗어나 영적인 존재임을 자각하는 것이 온전한 인간을 이루는 일이다. 이렇게 해야만 인간의 의식이 구조적으로 변할 수 있고, 인간의 의식이 변해야만 다른 모든 변화가 이루어진다. 이렇게 되면 진리와 허위, 참지혜와 무지를 구별할 수 있는 능력이 생긴다. 자기 자신을 영적인 존재로 자각한다는 것은 자기 자신이 무한한 영의 소생이며, 영 안에 있는 모든 힘과 권능과 일체라는 자각에 들어가는 것이다."

자극이 있어야만 의식과 생각의 변화가 일어난다. 나에게 자극이 되는
사람들과 어울려야 더 나아지려는 욕망을 가지게 되고 성장하게 된다.

– 김도사의 『기적수업』 중에서 –

26

인생을 바꾸는 영감은
하나님으로부터 온다

나는 세상의 빛과 소금이다

나는 원래 성공할 수 없는 사람이었다. 스펙만 보더라도 세상이 원하는 기준 이하이다. IQ89, 말더듬, 2년제 대학 졸업, 가난한 부모…. 초·중·고등학교 시절 선생님으로부터 제대로 된 칭찬 한 번 받은 적이 없었다.

선생님은 잘사는 친구들, 공부 잘하는 친구들에게만 말 한마디 더 붙이고 지나가면서 머리도 쓰다듬어주셨다. 나 같은 사람은 투명 인간이었다.

나는 집이 가난하고 말까지 더듬어 억울한 일을 많이 겪었다. 초등학교 시절 한 아이가 손목시계를 잃어버렸다. 선생님은 그 시계를 훔친 사람으로 나를 의심했다. 나는 훔치지 않았다고 말했다. 지금도 당시 느낀 모멸감과 분노가 떠오른다.

한번은 내 머리에 이가 하도 많아 손으로 일일이 이를 잡던 어머니가 머리를 바리깡으로 다 깎자고 하셨다. 나는 빡빡머리가 되면 아이들이 놀리지 않을까 불안했다. 이런 나의 마음을 잘 아시는 어머니는 500원을 주시겠다며 나를 설득했다. 나는 그 돈으로 맛있는 과자를 사먹을 수 있다는 생각에 머리를 밀었다.

다음 날 머리를 밀고 학교로 향했다. 한 아이가 내 머리를 보고 중대가리라며 놀렸다. 평소 내게 자주 맞아서 울던 아이었는데 내 머리를 보더니 계속 놀렸다. 나는 돌아서서 주먹으로 때려줄까 생각하다가 참았다. 머리카락을 빡빡 밀고 나니 그 아이를 때릴 용기가 없었기 때문이다. 마치 끔찍이 사랑하는 여인 들릴라의 꾐에 넘어가 머리카락이 잘려 힘을 잃어버린 삼손 같았다. 놀려대는 친구들 앞에서 나는 아무렇지 않은 척했지만 너무나 부끄러웠다.

잠시 후 수업이 시작되었고 우연히 담임 선생님이 내가 갖고 있던 돈

500원을 보게 되었다. 나를 앞으로 나오라고 하더니 돈이 어디에서 나왔는지, 훔친 건 아닌지 추궁했다. 반 아이들의 시선이 일제히 나에게로 쏟아졌다. 정말 억울했다. 나의 두 눈에선 계속 뜨거운 눈물이 뚝뚝 떨어졌다. 머리를 깎는 조건으로 어머니가 주신 것이라고 말했지만 선생님은 나의 말을 믿지 않았다.

선생님은 교무실로 가서 우리 집으로 전화를 했다. 어머니는 동네 근처에 있는 보일러를 만드는 공장으로 출근하려는 찰나 선생님으로부터 전화를 받고 곧장 학교 교무실로 오셨다. 선생님은 어머니에게 이 돈을 내게 준 것이 맞는지 물었다. 어머니는 그렇다고 대답했다. 선생님은 잠시 황당한 표정을 지었다. 그리고는 어머니에게 어린 아이에게 너무 많은 돈을 주면 안 된다고 충고하셨다. 어머니는 선생님에게 죄송하다며 내게 선생님 말씀 잘 듣고 공부 열심히 하라는 말씀을 남기고는 공장으로 향하셨다. 선생님은 내게 사과 한마디 하지 않았다. 내 마음은 온통 억울함으로 가득 차 있었다. 잘사는 집 아이들은 500원 정도는 그냥 가지고 있었기 때문이다.

당시 학교에서는 한 달에 한 번 저금을 하는 날이 정해져 있었다. 은행 직원이 교실로 와서 일일이 아이들에게 돈을 건네받아 장부에 금액을 기재했다. 반 아이 중에 이웃 마을에 사는 J가 있었다. 그 아이는 집이 잘사는 편이었다. J는 보통 1만 원에서 3만 원 정도를 저금했다. 나를 비롯해 반 아이들은 그 아이가 큰 금액으로 저금하는 것을 보고 환호했다. 나를 비롯한 가난한 친구들은 보통 100원이 아니면 500원씩 저금했다. 선생 님은 유난히 J를 예뻐하셨다. 그 친구의 집에서 종종 술을 마시곤 했다. 나는 선생님과 부모님이 친한 그 아이를 보며 부러워했던 기억이 있다.

내가 과거의 이야기를 하는 이유가 있다. 나는 절대 성공할 수 없는 사 람이었다는 것을 말하고 싶어서다. 과거에 나를 아는 사람들은 내가 절 대 성공할 수 없다고 예단했다. 그들의 눈에는 내가 모든 면에서 열등했 기 때문이다. 그들은 세상의 기준으로 나를 평가했고 미래마저 단정 지 었다. 그러나 그들이 틀렸다. 그들은 내 안에 깃들어 있는 신성과 꿈을 향한 용광로보다 더 뜨거운 열정을 보지 못했다. 나는 살면서 숱한 시련 과 역경을 거치면서 나 자신이 성경에서 예수께서 말씀하신 빛과 소금이 라는 것을 깨달았다.

영감은 하느님으로부터 직접 온다

성경에서 예수는 "너희는 세상의 빛이라 산 위에 있는 동네가 숨겨지 지 못할 것이요, 사람이 등불을 켜서 말 아래에 두지 아니하고 등경 위에 두나니 이러므로 집안 모든 사람에게 비치느니라"(마태복음 5:14~15).라고 말씀하셨다.

나는 이 구절을 수백 번 읽었다. 분명 예수께서는 내게 "너는 세상의 빛이다!"라고 말씀하셨다. 나는 그 음성을 들었다. 나는 예수께서 말씀하신 세상의 빛이라는 것을 인식하자 세상을 바라보는 관점이 바뀌었다.

나를 좌절과 절망으로 몰아넣었던 온갖 한계들이 안개처럼 사라지기 시작했다. 사실 그것들은 처음부터 내가 한계라고 규정을 했기에 나를 옴짝달싹 못 하게 만들었다. 어리석게도 한계라고 여겼던 허수아비에게 계속 힘을 부여해주었던 것이다. 이제 그것을 깨달은 것이다. 관점이 바뀌자 마음이 평온해졌고 마음속에선 충만함이 넘쳤다. 이젠 모든 것이 기회와 축복으로 보이기 시작했다.

대부분의 사람은 삶을 바꿔주는 영감을 얻고 아이디어를 찾기 위해 미친 듯이 책을 읽고 있다. 그렇게 한다고 해서 영감과 아이디어가 짠~하고 나타나지 않는다. 그것은 하나님으로부터 온다. 지혜의 왕 솔로몬은 백성들을 제대로 통치하기 위해 하나님께 지혜를 구했다. 그의 마음을 아시는 하나님은 그에게 지혜와 더불어 부와 명예까지 부어주셨다. 모든 것은 하나님으로부터 온다.

베어드 T. 스폴딩의 저서 『초인들의 삶과 가르침을 찾아서』에는 이런 말이 있다.

"영감은 하느님으로부터 직접 오는 것입니다. 여러분은 진짜 영감을 받아야 합니다. 즉 하느님께서 여러분을 통하여 자신의 뜻을 펼치시도록 여러분 자신을 맡겨야 한다는 말씀입니다."

천지만물을 만드신 이는 하나님이다. 하나님의 지혜는 우리의 지식과 판단으로 감히 헤아릴 수 없다. 하나님은 지혜 그 자체이시다. 하나님으로부터 영감을 받기 위해선 어떤 일을 하든지 나 자신이 한다고 생각해선 안 된다.

내가 한다고 생각할 때 어려움에 봉착하게 된다. 하나님으로부터 오는 영감이 차단된다. 하나님과 나는 하나라는 생각을 가져야 한다. 실제로 우리의 육신은 하나님이 거하시는 성전이다. 우리의 육신에 하나님이 거하시기에 우리는 그 자체만으로도 신성하고 거룩하다.

우리 스스로 신성하고 거룩하다는 것을 깨달을 때 하나님으로부터 오는 영감을 받게 된다. 이때 나의 영과 하나님의 영의 주파수가 연결되는 것이다.

솔로몬처럼 하나님께 부와 성공보다 먼저 지혜를 구하라

하나님을 제대로 알지 못했던 과거의 나는 일을 할 때 나 혼자서 한다고 생각했다. 하나님은 천국에 계시기에 지구상에 있는 나 정도는 거들떠보지 않으신다고 믿었다. 하나님은 신이시고 나는 부족하고 오점투성이 인간으로 여겼기 때문이다. 작가가 되기 위해 매일같이 원고를 썼지만 500번 정도 퇴짜를 맞아야 했다. 힘들게 작가가 되었지만 10년 이상을 경제적 고통에 시달려야 했다. 그 과정에서 가난을 이기지 못하신 아버지께서 세상을 등지는 일이 일어났다. 빚 유산을 물려받아 2년 동안 빚을 갚아야 했다. 뼈를 깎는 심정으로 누구보다 열심히 살았지만 오랫동안 가난에서 벗어날 수 없었다.

지금에서야 나는 알게 되었다. 과거 나 스스로 보잘것없는 메뚜기라고 여겼기에 모든 것을 거대하고 두렵게 느꼈던 것이다. 지금 내가 서 있는 위치까지 도달하는 과정에서 숱한 어려움을 겪은 것은 하나님을 배제하고 나 혼자 했기 때문이었다. 내가 하는 일마다 어려움에 부딪혔고 넘어졌다. 오기를 갖고 할수록 더욱 꼬이기만 했다.

이 책을 읽는 여러분은 어떤 일을 하든지 나 자신이 한다고 생각하기보다 하나님과 함께한다고 여겨야 한다. 하나님과 함께한다고 믿어야 한다. 하나님과 함께 계획을 세우고 목표를 성취해나간다고 생각할 때, 더 빠르게 성취할 수 있다. 하나님은 우리가 알지 못하는 방법으로 우리를 정상으로 인도하시기 때문이다. 절대 하나님의 방식을 우리 인간의 생각으로 이해할 수 없다.

내가 좋아하는 성경 문구가 있다.

"구하라 그리하면 너희에게 주실 것이요 찾으라 그리하면 찾아낼 것이요 문을 두드려라 그리하면 너희에게 열릴 것이니 구하는 이마다 받을 것이요 찾는 이는 찾아낼 것이요 두드리는 이에게는 열릴 것이니라"(마 7:7~8).

하나님은 우리를 위해 모든 것을 예비해두셨다. 우리가 무엇을 원하는지 구체적으로 알고, 올바른 장소에서 믿음으로 문을 두드린다면 열린다. 많은 사람들이 힘들게 살아가는 것은 간절함 없이 막연하게 찾고 문을 두드리기 때문이다. 부와 성공을 바라는 사람들이 가장 먼저 해야 할 것이 있다. 부와 성공을 바라기 전에 솔로몬처럼 하나님께 지혜를 간구해야 한다. 지혜를 얻게 되면 부와 성공은 저절로 따라온다.

고백하건대 과거의 나 역시 당장의 현실이 힘든 나머지 하나님께 부를 구했다. 부를 구하는 이유도 힘든 직장생활을 하지 않고 편하게 쉬면서 살고 싶어서였다. 그러니 나의 소망이 성취되지 않았던 것이다. 내가 유튜브 '김도사TV', '네빌고다드TV'에서 하나님께 지혜를 구해야 한다고 하는 이유가 여기에 있다. 나는 여러분이 과거의 내가 겪었던 시행착오 없이 정상에 오를 수 있기를 바란다.

하나님은 당신이 우주 어디에 있더라도 매 순간 메시지를 보낸다.
하나님으로부터 오는 메시지는 '진실로 귀를 기울인다면' 놓치지 않고 들을 수 있다.

– 김도사의 『기적수업』 중에서 –

천국은 이미 당신 안에 있다.

이것이 매일 매 순간을 축제처럼

즐겁과 행복하게 살아야 하는 이유다.

– 김도사의 『기적수업』 중에서

27

가장 **몸값이 비싼**
코치에게 배워라

단기간에 부자가 되는 법을 배워라

당신은 가장 빠르게 성공하는 법을 알고 있는가? 대부분의 사람은 이 방법을 알지 못해 경제적으로 힘든 삶을 살고 있다. 그들은 싫어하는 사람들과 하기 싫은 일을 하며 하루하루를 지옥처럼 보내고 있다. 누군가에게는 삶이 축제처럼 여겨지지만 그들에게는 지옥이 된다.

나는 단기간에 부자가 되는 법을 알고 있다. 나는 흙수저로 태어났지만 현재 경제적 자유인이 되었다. 어릴 적 우리 집에는 밭 한 뙈기, 논 한 마지기 없었다.

부모님은 이틀이 멀다 하고 마을 사람들에게 돈을 빌리러 다니셨다. 가난한 부모 밑에서 자란 나는 마음속 깊이 부모님처럼 가난하게 살지 않겠다고 다짐했다. 가난에서 벗어나기 위해 남들보다 더욱 노력해야 했지만 생각처럼 쉽게 삶은 달라지지 않았다. 빈자에게는 빈자의 사고가 있고 부자에게는 부자의 사고가 있다는 것을 알지 못했던 것이다. 나는 부자가 되기 위해선 부자가 되는 법을 배워야 한다는 것을 알았다. 그때부터 나는 결과가 있는 자기계발을 하기 시작했다.

독서만 하는 사람들은 결과가 없는 자기계발을 하는 사람이다. 독서는 누구나 하는 것이다. 사람으로 태어나 책을 읽는 일은 당연한 것이다. 그런데 책만 읽어선 누구도 알아주지 않는다.

물론 책을 읽는 일이 사람들에게 인정받기 위함은 아니다. 그러나 아무리 책을 읽어도 삶이 달라지지 않는다면 할 필요가 없다. 그 시간에 다른 것을 하는 것이 더 생산적일 것이다.

나는 독서에만 그치지 않고 내 이름으로 된 책을 썼다. 나는 그 누구에게도 책을 쓰는 방법에 대해 배운 적이 없다. 그러다 보니 맨땅에 헤딩하듯이 원고를 썼다. 내가 쓴 원고가 책으로 나오기까지 7년 동안 출판사로부터 500번가량 퇴짜를 맞아야 했다. 그 과정에서 많이 울었고 좌절하고 절망했다. 내가 작가가 될 수 있을까 하는 의심도 들기도 했다. 하지만 포기할 수 없었다. 책을 써서 나를 알리는 길만이 삶을 바꿀 수 있는 최선이라는 것을 알았기 때문이다.

한 출판사와 인연이 되어 내 인생의 첫 책이 출간되었다. 책이 출간되자 많은 것들이 달라졌다. 2년제 대학을 나온 나에게 사람들은 책에 사인해달라고 부탁했다. 많은 곳에서 강연 요청을 해왔고 기업들은 칼럼을 써달라고 부탁했다. 퍼스널 브랜딩에 성공한 것이다. 누구보다 평범했던 나에게 책은 브랜딩이라는 날개를 달아주었다.

지금의 나는 성공학, 책 쓰기 코치, 출판 기획의 분야에서 대한민국 최고의 자리에 올랐다. 지난 9년간 한책협을 운영하면서 1,000명가량의 작가를 배출했다. 그 가운데 『마흔의 돈 공부』의 단희쌤, 『엄마의 돈 공부』의 이지영, 『나는 인생에서 알아야 할 모든 것을 영업에서 배웠다』의 안규호, 『나는 SNS 마케팅으로 월 3,000만 원 번다』의 이채희, 『한 권으로 끝내는 꼬마빌딩 재테크』의 임동권, 『달콤한 연애수업』의 조혜영, 『하루 1시간, 책 쓰기의 힘』의 이혁백, 『너에게만 알려 주고 싶은, 무결점 글쓰기』의 이은화, 『출근하지 않고 퇴직하지 않는 1인 지식창업』의 이종서 등이 코칭 내지 도움을 받았다. 이 외에도 수백 명의 사람들이 작가, 코치, 강연가로 활동하고 있다.

성공해서 책을 쓰는 것이 아니라 책을 써야 성공한다

사람들은 나를 '도사'로 부른다. 도사라는 별명은 나에게 코칭받은 사람들이 단 5일에서 1개월 만에 원고를 써내고 책을 출판하여 1인 창업으로 고수익을 올리기 때문에 진짜 '도사'같다는 의미로 붙여준 이름이다. 나는 사람들에게 "성공해서 책을 쓰는 것이 아니라 책을 써야 성공한다." 라고 가르친다. 이런 모토로 평범한 사람들을 작가, 코치, 1인 창업가로 성장하도록 지금도 코칭하고 있다.

나는 우리나라에서 가장 몸값이 비싼 코치이다. 그럼에도 현재 책 쓰기 과정에는 수십 명의 사람들이 수강하고 있다.

2019년 12월에는 미국 뉴욕의 한 변호사가 나의 책 쓰기 수업을 듣고 바로 책을 출간했다. 책을 쓰는 과정에서 자살까지 생각하게 했던 우울증을 치유할 수 있었다. 또한 일본에서 화장품 사업을 하는 권용수 · 이도경 부부가 1박 2일 개인코칭 과정을 수료한 뒤 나란히 출간에 성공했다. 미국 버지니아에서 거주하고 있는 64세 대니 리도 내게 온라인 코칭을 받아 3권의 책을 출간했다. 이들 외에도 요즘 내가 쓴 책과 유튜브 '김도사TV'를 보고 미국, 대만, 중국, 필리핀 등 전 세계에서 책 쓰는 법과 1인 창업 방법을 배우기 위해 문의한다.

내가 이 책을 읽는 독자들에게 꼭 해주고 싶은 말이 있다. 가장 몸값이 비싼 코치에게 배우라는 것이다. 동종업계의 경쟁자들이 감히 쳐다볼 수 없는 최고에게 배워야 한다. 최고의 내공을 가진 천재 코치는 자신만의 경험과 지혜, 노하우를 갖고 있다. 복잡한 것을 단순화시켜서 쉽게 가르친다. 둔재 코치에게 배우면 3년이 걸릴 내용을 단 하루 만에 알려줄 수 있다. 배움은 간단하고 짧을수록 좋다. 인생은 시간으로 이루어져 있기 때문에 시간을 아껴주는 코치야말로 최고의 실력자이다.

성경에 보면 이런 말이 나온다.

"그들은 맹인이 되어 맹인을 인도하는 자로다. 만일 맹인이 맹인을 인도하면 둘이 다 구덩이에 빠지리라 하시니"(마15:14).

세상에는 실력이 없으면서 실력이 있는 자의 행세를 하는 사람들이 적지 않다. 남의 지식과 경험, 노하우를 조금씩 베껴서 마치 자기 것처럼 알려준다. 그러나 그 지혜가 자기 것이 아니기에 겉으로 드러나는 실력은 맹인 수준이다. 그런 사기꾼 코치에게 배우면 돈과 시간, 에너지를 모두 잃게 된다. 기회비용까지 날리게 되어 삶은 더욱 곤궁해진다. 더 나은 삶을 살고자 하는 사람에게 가장 중요한 것은 진짜와 가짜를 구별할 줄 아는 눈을 가지는 것이다.

나는 한책협을 운영하면서 별의별 사람들을 다 만나보았다. 그 가운데 책 쓰는 법과 1인 창업 방법에 관한 책을 달랑 한두 권 펴낸 코치들에게 수강했다가 1년가량이 지나도 결과가 나오지 않아 상처만 받은 사람들이 꽤 많았다. 코치의 저서가 한두 권만 있다고 해서 수강료가 싼 편도 아니다. 1,000만 원가량 되고 심지어 2,000만 원가량 하는 곳도 있다. 그들은 한책협과 나를 알게 된 후 충격에 휩싸인다. 진짜를 만났기 때문이다.

나에게 배우면 결과가 단박에 나온다는 것을 알게 된다. 그래서 한책협에서 진행하는 책 쓰기 과정에 등록하고 싶지만 엉뚱한 곳에다 돈을 낭비했기 때문에 그럴 여력이 없다. 그들이 할 수 있는 일이란 실력도 없으면서 실력자인 척 행사한 그 코치들을 사기꾼이라고 욕하는 것뿐이다.

나는 한 권의 책을 펴내기 위해 출판사들로부터 7년간 500번 퇴짜를 맞았다. 그 과정에서 빠르게 주제를 정하고, 책 제목을 생각하고, 간결하면서도 일목요연한 목차를 짜고, 단 일주일 만에 A4 100장 분량의 원고를 쓸 수 있는 능력을 갖추게 되었다. 게다가 출판사에 원고를 투고하여 최고의 조건으로 계약하는 법에 대해서도 완벽하게 알게 되었다. 나는 과거에 작가가 되기 위해 많은 시련을 겪어야 했다. 그러나 그 과정에서 전 세계 그 어떤 책 쓰기 코치들보다 독보적인 지혜와 내공을 갖출 수 있었다.

나는 몸값이 가장 비싼 코치이다. 나를 만난 사람들은 모두 의식이 변화된다. 나를 만나기 전과 만난 후의 의식은 180도 다르다. 빈자의 의식에서 부자의 의식으로 바뀐다. 의식이 달라지면 삶을 바라보는 관점이 달라진다. 그동안 부자들을 욕하고 세상은 왜 공평하지 않느냐며 비난하며 살았다면 더 이상 부자들을 보며 쌍욕을 하지 않는다. 자신도 곧 부자가 될 것이기 때문이다. 부자들에게 욕하는 것은 미래의 자신에게 욕하는 것과 같다.

무조건 최고의 실력을 가진 코치에게 배워야 한다

세상에 넘쳐나는 것이 돈과 기회이다. 그 2가지를 나에게로 오게끔 하면 된다. 부자가 되는 것은 시간문제이다. 부자가 되는 방법은 너무나 쉽고 간단하다. 그럼에도 대부분의 사람이 가난하게 사는 것인 의식이 그대로이기 때문이다. 가난한 의식은 가난한 환경만 창조하게 된다. 가난한 의식은 가난을 생산하는 공장이다.

대한민국에서 단기간에 돈 버는 법과 성공하는 법에 대해 나보다 더 쉽고 간단하게 알려줄 수 있는 사람은 없다. 나는 흙수저로 태어나 24년간 꿈 하나만 바라보며 달려왔다. 대부분의 코치는 직장생활은 하기 싫고 쉽게 돈은 벌고 싶은 생각으로 시작했다. 그들은 다른 코치에게 배운 지식과 경험으로 책 쓰기 코칭, 1인 창업 코칭, 온라인 마케팅 코칭을 하고 있다. 그들은 사람보다 돈이다. 상대의 삶이나 미래에는 관심이 없다. 오로지 상대가 자신이 부르는 고가의 과정 비용을 내고 등록할지 말지에만 관심이 가 있다. 제사보다 젯밥이다.

나는 목숨 걸고 코칭하고 있다. 나는 절대 돈만 보고 코칭하지 않는다. 돈만 보고 코칭했더라면 9년간 1,000명의 작가를 배출하지 못했을 것이다. 나는 수업 태도가 불량한 사람들은 지위를 막론하고 환불해주고 퇴교시킨다. 만일 수업 교재를 반복해서 가져오지 않거나 과제를 하지 않거나 자주 부정적인 말을 하면서 수업 분위기를 해치는 사람이 있다면 나는 수업 시간에 직설적으로 말한다. 상대의 잘못된 태도에 대해 지적하고 교실에서 나가줄 것을 요청한다. 나는 절대 수강생들의 눈치를 보지 않는다. 수강생들의 눈치를 보는 코치는 실력이 없는 코치이다. 내가 수강생이 더 잘되라는 뜻으로 야단쳤는데 기분이 나빠 수업을 듣지 못한다고한다면 나는 대환영이다.

절대로 아무나 작가가 되어선 안 된다. 자신은 물론 수많은 독자의 삶까지 망칠 수 있기 때문이다. 그 누구도 내가 가진 지식과 경험, 지혜를 가볍게 여길 수 없다. 예수께서 제자들에게 피와 살을 내주며 가르쳤듯이 나 역시 나의 피와 살을 내어주듯이 코칭하고 있다. 나는 사람들에게 목숨 걸고 코칭하므로 당신도 목숨 걸고 수업에 임해야 한다고 강조한다.

나를 만난 많은 작가와 코치, 유튜버들이 빠르게 부자가 되었다. 그들의 의식이 바뀌었기 때문에 가능한 것이다. 단기간에 삶을 바꾸고자 한다면 무조건 최고의 실력을 가진 코치에게 배워야 한다. 세상에는 맹인 같은 코치들, 양의 탈을 쓴 늑대 같은 코치들이 널렸다. 진짜와 가짜를 구분할 수 있는 안목을 갖춰야 한다. 어떤 코치가 진짜인지 알지 못한다면 한책협의 김도사를 찾아오면 된다. 나는 독보적인 내공으로 하나님의 뜻을 받들어 목숨 걸고 코칭하고 있다.

단기간에 크게 성공하고자 한다면 고수에게 배워라.
고수에게 배우면 발전 속도를 배가할 수 있다.

- 김도사의 『기적수업』 중에서 -

_____

_____

_____

_____

_____

_____

_____

_____

_____

_____

28

대출을 해서라도 배워라

인생은 시간으로 이루어져 있다

살다 보면 이런저런 문제가 발생한다. 어떤 사람은 빠르게 해결하고 성장하지만 어떤 사람은 좌절하며 시간과 돈, 에너지를 낭비하게 된다. 모든 문제에는 반드시 해결책이 있다. 해결책을 가진 사람에게 지혜를 구해야 한다. 그래야 빠르게 어려움에서 벗어날 수 있다.

그러나 대부분의 사람은 스스로의 힘으로 어려움을 헤쳐나가고자 한다. 지금 닥친 문제는 난생 처음 겪어보는 문제라는 것을 인식하지 못하기 때문이다. 해결은커녕 멘탈 붕괴 상태가 되고 만다.

인생은 시간이다. 인생은 시간으로 이루어져 있다는 말이다. 시간을 잃으면 끝이다. 시간을 가치 있게 사용해야 한다. 남들은 10년 동안 노력해서 성취해내는 일을 단 며칠 만에 해내는 것이다. 단기간에 해내면 그만큼 세월을 벌 수 있다. 남은 세월 동안 하고 싶은 일을 하며 행복을 만끽할 수 있다. 그래서 나는 사람들에게 무엇이든 빠르게 성취해야 한다고 말한다.

지금 삶이 불만족스럽다면 삶을 바꾸기 위해 노력해야 한다. 그냥 노력이 아닌 목숨을 건 노력을 해야 한다. 삶이란, 나의 생각과 감정, 느낌이 쌓여서 만들어진 것이다. 그래서 쉽사리 바뀌지 않는다. 삶을 바꾸고자 한다면 모든 것을 바꿔야 한다. 그동안 가졌던 생각과 감정, 느낌을 통째로 버려야 한다. 그리고 행복한 사람이 되었을 때 하게 될 생각과 느끼는 감정과 느낌을 가져야 한다. 행복감이 충만한 생각과 감정, 느낌은 행복한 삶을 펼쳐내게 된다. 자연스럽게 부유하고 행복한 삶이 시작된다. 내가 책과 강연, 유튜브 '김도사TV', '네빌고다드TV'에서 과거를 버려야 눈부신 미래를 만날 수 있다고 말하는 이유이다.

내면세계가 달라지지 않은 상태에서 하는 노력은 물거품이다. 시간과 돈, 에너지 낭비이다. 밑 빠진 독에 이 3가지를 넣어봤자 채워지지 않는다. 그 시간에 차라리 두 다리 뻗고 잠이나 자는 것이 더 생산적이다.

불행히도 대부분의 가난한 사람들은 그런 물거품이 되는 노력을 하고 있다. 물론 현실이 힘들고 미래가 불안한 나머지 뭐라도 해야겠다는 심리는 잘 안다. 과거의 나 역시 더 힘든 삶을 살았기 때문이다. 고통스러운 과정을 이기고 자수성가 부자가 된 지금 돌이켜보면 참 미련하게 살았다는 생각이 든다. 지금 알고 있는 지혜를 그때도 알았더라면 지금 이룬 것을 단 몇 년 만에 성취했을 것이다. 그만큼 세월을 아꼈을 것이다.

만일 내가 과거로 돌아간다면 먼저 책을 쓴 사람을 찾아가 책 쓰는 법에 대해 배울 것이다. 가진 돈이 없다면 대출을 해서라도, 심지어 카드론을 해서라도 배울 것이다. 그것이 빨리 가는 길이기 때문이다. 단 몇 달 만에 성과를 만들고 수익을 올려 빚을 갚으면 된다. 내가 가고자 하는 길을 먼저 간 성공자에게 배운다면 책 한 권을 쓰기 위해 출판사로부터 500번가량 퇴짜를 맞지도, 7년이라는 세월을 낭비하지 않게 된다.

책은 세상에 나를 알리고 전문가로 인정받게 하는 최고의 수단이다. 여기에다 나는 먼저 1인 창업을 하여 크게 성공한 사람을 찾아가 그 방법을 배울 것이다. 1인 창업은 일반 창업과는 달리 돈이 들지 않는다. 스마트폰과 노트북만 있으면 바로 창업해서 수익을 올릴 수 있다. 무엇보다 1인 창업을 해야 사람들에게 내가 알고 있는 지식과 경험, 정보, 노하우를 전수해주고 고비용을 받을 수 있다.

부자들과 가난한 사람들의 차이는 의식 수준에 있다

자기계발은 정말 중요하다. 광산과 바다, 우주를 개발하는 것보다 나 자신을 계발하는 것이 더욱 가치 있다. 지금 인류는 광산과 바다에 이어 우주 개발에 나서고 있다. 내 생각에 우주 개발 이후에는 사람들이 내면 세계, 의식세계에 눈을 돌릴 것이다. 의식이 전부라는 것을 깊이 깨닫게 될 것이기 때문이다. 지금은 극소수의 사람만이 의식세계에 관심을 가지고 계발하고 있다. 그 사람들은 깨달은 자들로 지혜롭다.

지혜는 하나님과 우주에서 온다. 눈에 보이지 않는 공기 중에는 많은 지혜들이 둥둥 떠다니고 있다. 우리보다 먼저 살았던 선조들과 동시대를 살고 있는 사람들의 생각과 깨달음이 부유하고 있다. 그들은 지금 우리가 겪고 있는 문제들을 앞서 경험했다. 그 과정에서 얻은 지혜들을 알아차려야 한다. 의식 수준이 높고 의식이 고양된 사람들만이 그것을 끌어당긴다. 내 것으로 만들어 활용한다.

부자들과 가난한 사람들의 차이는 의식 수준에 있다. 부자들은 말로 표현하기 힘들어도 가난한 사람들에 비해 멀리 본다. 사람을 만나거나 물건을 살 때 가치를 따지고 선택한다. 의식이 가난하면 가난한 삶을 살 수밖에 없다. 의식이 부유하면 원하지 않아도 부유한 삶을 살게 된다. 의식의 세계에 맞는 외부 세계가 창조되기 때문이다. 빠르게 삶을 바꾸고자 한다면 대출을 받아서라도 진짜 자기계발을 해야 한다. 나처럼 자신의 분야에서 독보적인 위치에 오른 성공자는 평범하지 않다. 보통 사람들은 죽었다가 깨어나도 알 수 없는 경험과 지혜를 갖고 있다. 그래서 몸값이 비싸다. 사람에 따라 중형자동차 한 대 값을 주고 비법을 전수해주기도 한다.

지금 위치에 오르기까지 산전, 수전, 공중전, 의식전까지 치른 나의 생각에선 수천만 원으로 최고에게 비법을 배울 수 있다는 것은 축복이라고 생각한다. 비법을 배우지 않는다면 지금 하고 있는 실수를 앞으로도 계속하게 될 것이다.

그 과정에서 수억 원의 돈과 수년간의 시간과 숱한 시행착오에서 오는 좌절과 절망, 상처들은 또 어떤가? 대부분 이렇게 혼자서 하다 보니 더 힘들어지고 망하는 것이다. 빠르게 크게 되고자 하는 사람들은 기억해야 한다. 성공자의 지혜를 살 수 있다는 것은 크나큰 축복이라는 것을. 이 말을 뼛속 깊이 새겨야 한다.

세상에는 맹인 같은 전문가들이 참 많다. 책을 쓰고 1인 창업하기 위해 나를 찾아오는 사람들 가운데 다른 코치들에게 배웠거나 배우고 있는 이들이 많다. 그들은 그 코치가 쓴 한 권의 책을 읽고 다른 코치들과 비교해보지 않고 바로 등록하는 실수를 했다. 내공이 없는 야매 코치들이라고 해서 수강료가 결코 싸지 않다. 오히려 24년간 250권의 책을 펴내고 9년간 1,000명의 작가를 배출한 나보다 더 비싸다. 특히 그들은 상대가 어떤 위치에 있는지, 사업을 하는지, 부자인지, 가난한지를 보고서 수강료를 다르게 책정한다. 그들이 쓰는 전형적인 수법이다.

겉으로 보기에 그들은 전문가, 권위자로 보인다. 그러나 그 속을 들여다보면 양의 탈을 쓴 이리와 같다. 지혜 있는 사람은 절대 맹인 코치를 따라가지 않는다. 맹인 코치를 따라가다가는 마루타가 된다는 것을 잘 알고 있다. 맹인 코치는 자신의 내공이 부족하기에 수강생들을 자신의 실력을 조금씩 키우는 마루타로 활용한다. 이런 코치에게 코칭받는다면 영영 헤어 나올 수 없는 구렁텅이에 빠지게 된다.

많은 사람들이 내게 어떤 코치에게 배워야 되는지 묻는다. 과연 어떤 코치에게 배우는 것이 현명할까에 대해 고민하다가 다음과 같은 결론을 내리게 되었다.

5가지만 알면 사기 당하는 일은 없을 것이다. 꼭 기억해서 그 분야에서 충분한 내공을 갖추고 진심을 다해 가르치는 코치를 만나길 바란다.

첫째, 그 분야에서 독보적인 존재이다.

둘째, 코치 역시 자신이 가르치는 방식대로 살면서 현재 성공자의 삶을 살고 있다.

셋째, 믿음과 확신을 주고 영감을 불러일으키는 코치이다.

넷째, 어떤 사람이 배우더라도 단기간에 성과를 낼 수 있도록 해준다.

다섯째, 세 치 혀로 사람들을 현혹시키지 않으며, 자기만의 원칙을 가지고 있다.

돈을 버는 것도 능력이지만 필요한 돈을 만들어내는 것도 능력이다.
어떻게 해서든 돈을 마련해서 책을 써내라.

– 김도사의 『기적수업』 중에서 –

29

소망을 노트에 적은 뒤
자주 반복해서 읽어라

인생은 소망을 성취해가는 과정의 연속이다

우리는 천국에서 지구별로 소풍을 온 영혼이다. 천국은 원하는 것에 대해 생각을 하는 순간 그것이 눈앞에 나타난다. 모든 것이 가능하다. 조금도 힘들이지 않고 원하는 것을 가질 수 있다.

다만 부작용이 있다면 어떤 것을 갖기까지 과정이 생략된다는 점이다. 과정 없이 얻을 수 있기 때문에 경험을 할 수 없다. 그래서 우리는 지구별에서 육신의 옷을 입고 창조의 과정을 즐기기로 한 것이다. 이것이 우리가 지구별에서 태어나 100년가량 살아가는 이유이다.

인생은 소망을 성취해가는 과정의 연속이다. 그 과정에서 우리는 다양한 경험을 하게 된다. 경험은 우리에게 지혜와 깨달음을 안겨준다. 영혼인 우리는 지혜와 깨달음을 통해 계속 확장해 나간다. 내가 어디에서 왔는지, 나는 무엇을 할 수 있는지, 나의 근원인 하나님의 뜻대로 사는 법에 대해 깨닫는다. 지혜와 깨달음은 우리가 가진 에너지 진동수를 높여준다. 의식 수준이 높아지는 것이다. 의식 수준이 높은 영혼일수록 에너지가 강하다.

평범한 의식을 초월한 초인들은 에너지가 보통 사람들에 비해 월등히 강하기 때문에 소망하는 것이 있다면 시공을 초월해 즉각 성취해낸다. 영적인 세계로부터 자신이 상상하는 것을 끌어오기 때문이다. 예수는 소년 시절부터 공생애 활동을 하기 전까지 의식 수준을 초인의 것으로 높이고 확장시키는 데 힘썼다.

그 과정에서 하나님과 자신은 하나라는 깨달음을 얻게 되었다. 자신의 내면에 하나님이 계시고 자신 역시 하나님 안에 있음을 알았다. 자신의 육신이 하나님이 거하시는 거룩한 성전임을 깨닫는 경지에 도달했다. 그러자 예수는 병을 고치고 귀신을 내쫓고 사람들의 의식을 변화시키는 일을 할 수 있었던 것이다. 예수는 하나님의 뜻대로 살기 위해 자신의 목숨을 내던졌다. 자신의 목숨을 버릴 줄 아는 자는 영원히 죽지 않는 존재임을 깨달은 자이다. 예수는 삶이 소망을 성취해가는 과정임을 알았다. 자신이 가진 소망은 세상에 선한 영향력을 펼치는 것이었다.

부자가 되는 데 스펙과 배경은 중요치 않다

우리가 상상하는 모든 것은 실현 가능하다. 그렇기 때문에 우리가 상상할 수 있는 것이다. 우리가 지금 누리고 있는 모든 것은 과거에 떠올렸던 것이다. 자주 빈번하게 상상했던 것들이 지금 나의 환경이 된 것이다. 어떤 것을 상상하게 되면 그것은 보편적인 세계, 즉 영적인 세계 완성된 모습으로 존재한다. 우리가 믿음을 가진다면 그것은 우리가 육신의 옷을 입고 있는 지구라는 물질적인 세계에 나타나게 된다.

그런데 안타깝게도 많은 사람들이 자신이 소망하는 것을 쉽게 포기하고 만다. 소망을 이루는 법을 배우지 못한 탓이다. 20년 가까이 학교에서 교과서와 참고서만 달달 외우고 직장생활에 필요한 지식만 배웠지, 가장 중요한 소망을 성취하는 기술에 대해선 배우지 못했다.

나는 소망을 성취하는 법에 대해 알고 있다. 나는 이 방법으로 무스펙, 흙수저임에도 불구하고 책 쓰는 법, 1인 창업 하는 법, 돈 버는 법과 부자

되는 법을 알려주는 천재 코치가 되었다. 현재 2급 공무원, 부장 검사, 성형외과 원장, 세무사, 회계사, 한의사, 기업가 등에게 코칭하고 있다. 내게 상담과 코칭, 교육을 받기 위해 많은 사람들이 대기하고 있다.

현재 코로나19 감염증으로 인해 대한민국 전역이 위험한 곳이 되었다. 그럼에도 전국과 해외 여러 나라에서 나를 만나고 싶다면서 전화와 문자 메시지, SNS를 보내오고 있다. 자신의 분야에서 독보적인 존재가 되고 부자가 되는 데는 스펙과 배경은 중요하지 않다. 우주의 법칙의 원리를 제대로 이해하고 실천만 하면 된다.

나는 원하는 것이 있으면 다음 3가지를 실행한다.

첫째, 소망을 노트에 적는다.
둘째, 자주 반복해서 읽는다.
셋째, 소망이 이루어진 모습을 생생한 느낌과 감정을 담아 상상한다.

무엇을 원하는지 정확하게 알아야 한다. 두루뭉술하게 원하면 우주는 원하지 않는 것으로 간주한다. 성공자들은 자신의 꿈과 목표를 분명하게 한다. 그리고 그것을 성취한다. 패배자들은 꿈과 목표가 불분명하다. 불분명하다는 것은 무엇을 원하는지 결정되지 않았다는 것이다. 그러니 우주는 아무런 도움을 주지 못한다. 우주에게 아무것도 바라지 않는다는 주문을 넣었고 그 결과대로 된 것이다. 소망을 노트에 적는 것이 좋다. 노트에 적을 때 우리의 현재의식과 잠재의식에 강하게 각인시키게 된다.

노트에 적은 소망을 자주 반복해서 읽어야 한다. 읽는 행위는 생각으로 이어진다. 우리의 말과 생각에는 에너지가 있다. 자신이 자주 생각하고 말하는 대로 살아가게 된다. 특히 소망을 소리 내어 말하고 상상을 하게 되면 강력한 에너지가 생겨난다. 이 에너지를 우주를 움직이는 동력이 된다.

우주는 우리가 원하는 모든 것을 창조하는 주방이다. 이 주방에서 창조하지 못하는 것은 없다. 다만 우리가 우주의 한계는 없다는 것을 알지 못하기 때문에 스스로 제한한다. 따라서 제대로 된 창조가 일어나지 않는 것이다.

소망을 자주 반복해서 읽어보라. 자주 읽는다면 잠재의식에 아로새겨지게 된다. 잠재의식에 새겨진 소망은 100% 이루어지게 된다. 이를 막을 수 있는 것은 아무것도 없다. 모든 환경이 소망이 실현되는 방향으로 움직인다. 설사 겉으로 힘든 일이 계속 생길지라도 결과는 소망의 성취로 나타난다. 우주는 우리가 예상하지 못한 방법으로 소망을 이루어준다.

우주는 당신의 말보다 느낌과 감정을 듣는다

나는 내가 바라는 것을 생생한 느낌과 감정을 담아 상상하기를 좋아한다. 5년 전 4억 원이 넘는 슈퍼카 람보르기니도 그렇게 해서 살 수 있었다. 먼저 강남에 위치한 람보르기니 매장에 가서 직접 람보르기니를 내 눈으로 직접 보고 만져보고 시트에 앉아보곤 했다. 내가 꼭 가지고 싶은 람보르기니가 눈앞에 있는 것을 보자 내 가슴은 거세게 뛰었다. 하루 빨리 내 것으로 만들고 싶었다. 매일 같이 람보르기니를 몰고 거리를 빠르게 달리는 모습을 상상했다. 이런 상상은 몇 개월 후 현실이 되었다. 이런 식으로 현재 내가 가지고 있는 것을 끌어당겼다. 상상할 수 있는 것은 모두 내 것이 될 수 있다는 뜻이다.

우주는 당신의 말보다 느낌과 감정을 듣는다. 느낌과 감정이 배제된 소망을 하루 수백 번씩 말하더라도 실현되지 않는다. 형식적인 말에는 에너지가 담기지 않는다. 느낌과 감정이 담기지 않은 말은 진정으로 원하지 않는다는 뜻과 같다. 우주는 우리가 무엇을 원하는지, 정말 그것을 원하는지 알고 있다. 허울뿐인 말보다 느낌과 감정을 듣기 때문이다. 그렇다 보니 절대 우주를 속일 수 없다.

소망을 이루고 싶다면 스스로를 속이면 안 된다. 겉과 속이 다른 사람이 되지 말라는 말이다. 사람들 앞에선 돈보다는 행복이 더 중요하다고 말하는 사람이 있다. 돈이 전부가 아니라고 말하는 사람도 있다. 그러나 거의 전부 마음속으로는 하루 속히 부자가 되고 싶어 한다. 그런데 사람들 앞에서 대놓고 돈을 좋아한다, 부자가 되고 싶다고 말하면 속물처럼 비춰질까 두려운 것이다.

그래서 자신의 속마음과는 반대되는 말을 하는 것이다. 이는 스스로를 속이는 행위이다. 겉과 속이 다른 것이다. 이는 가난하게 사는 이유이다. 가난한 사람들은 모두 가난을 끌어당기고 있는 사람들이다. 스스로 가난해진 사람들이다. 내 눈에는 자신들의 가난하게 사는 원인이 보이지만 정작 그들은 알지 못한다. 그렇다 보니 현재 상황에서 벗어나지 못한다.

성경에 보면 이런 말이 있다.

"일렀으되 이 백성에게 가서 말하기를 너희가 듣기는 들어도 도무지 깨닫지 못하며 보기는 보아도 도무지 알지 못하는도다"(행 28:26).

육적인 사람은 자신이 잠시 육신의 옷을 입고 있는 영혼이라는 것을 알지 못한다. 이런 사람에게 아무리 우주적인 법칙에 대해 설명해주어도 믿지 않는다. 믿음이 없다. 그래서 의심하는 것이다. 한쪽 귀로 듣고 한

쪽 귀로 흘려버린다. 열심히 설명해주는 내 입만 아프고 나의 에너지만 방전된다. 영적인 사람은 모든 창조와 현상은 의식 상태에서 비롯됨을 알고 있다. 소망하는 것과 모순되는 행동이나 생각을 하지 않는다. 자신이 바라는 것을 성령 안에서 이미 받았음을 안다.

성경은 우리는 하나님의 상속자라고 말한다. 하나님이 가진 모든 것은 우리의 것이기도 하다는 말이다.

"자녀이면 또한 상속자 곧 하나님의 상속자요 그리스도와 함께한 상속자니"(롬 8:17).

사람은 자신을 낳아준 부모로부터 상속을 받을 권리가 있다. 이는 육적인 측면이다. 영적인 측면에서 보면 우리는 영혼의 부모인 하나님으로부터 유업을 상속받을 권리가 있다. 하나님의 자녀인 우리는 그리스도의 의식을 가져야 한다. 그리스도 의식은 스스로 구원할 수 있는 전지, 전능, 권능을 가진 의식이다. 그리스도의 의식을 가진 자는 하나님처럼 보이지 않는 데서 마치 보이는 것같이 부르는 자들이다.

나는 이 책을 읽는 모든 사람이 소망하는 모든 것을 성취하는 삶을 살기를 바란다. 더없이 충만한 경험을 하며 천국처럼 살기를 소망한다.

송충이라고 평생 솔잎만 먹으라는 법은 없다. 송충이가 번데기가 되고 나비로 거듭나면 꽃의 꿀과 이슬을 먹으며 살 수 있듯이 우리의 운명은 정해져 있지 않다.

- 김도사의 『기적수업』 중에서 -

30

부자를 욕하는 사람은
스스로 부와 멀어지게 된다

의식이 모든 것을 결정한다

사람들은 저마다 의식 수준이 다르다. 의식의 진동수와 에너지가 다르다는 뜻이다. 의식이 전부이다. 의식이 모든 것을 결정한다. 우리가 상상하는 모든 것을 창조할 수 있는 이유는 의식을 가진 존재이기 때문이다. 고차원의 의식을 가진 사람은 저차원의 의식을 가진 사람보다 더 많은 것을 생각할 수 있다. 의식이 무언가를 인식할 때 마음이 생겨난다. 마음은 생각을 낳는다. 생각은 곧 강력한 에너지를 발생한다. 생각에서 나오는 에너지는 3차원을 넘어서 다른 차원까지 닿는다. 영적인 세계로부터 그것을 불러내게 된다.

부자들과 빈자들이 나뉘는 이유는 의식 때문이다. 부자들은 빈자들에 비해 고차원의 의식을 갖고 있다. 의식 수준이 높다. 의식의 진동수 역시 빈자들에 비해 빠르다. 에너지 또한 강하다. 진동수가 빠르고 에너지가 강하기 때문에 목표가 생기면 그것을 이루고 만다. 강력한 자력으로 끌어당기는 것이다.

반면에 빈자는 저차원의 의식을 가진 탓에 진동수가 느리고 에너지가 약하다. 목표가 있어도 그것을 끌어당기는 자력이 약하기 때문에 실현되는 데 있어 시간이 오래 걸리거나 이루어지지 않는다.

대부분 목표를 이루는 과정에서 쉽게 포기하고 만다. 의식의 수준이 낮기 때문에 혼자의 힘으로 해결하려고 한다. 작은 시련도 큰 바위처럼 비춰진다. '나'라는 참 자아가 시련에 짓눌려 신음하게 된다. 메뚜기처럼 작아진 의식으로 어떤 해결책을 떠올릴 수 없다. 오로지 눈앞에 닥친 시련에 제압당한 것이다. 인생을 살면서 이런 일이 계속 반복된다.

많은 사람들이 부자가 되기 위해 내가 쓴 책『내가 100억 부자가 된 7가지 비밀』과『150억 부자의 부의 추월차선』을 읽는다. 유튜브 '김도사TV'를 구독 시청하면서 내가 알려주는 부자가 되는 비법들을 전수받고 있다. 나는 자신 있게 말한다. 나보다 더 진솔하게 부자가 되는 법에 대해 알려줄 수 있는 사람은 없다. 9년 동안 평범한 사람 1,000명을 작가로 배출했고 그 가운데 많은 이들이 1인 창업가로 활발하게 활동하고 있다.

부자를 폄훼하거나 욕하는 사람은 절대 부자가 될 수 없다

부자가 되는 원리와 비법은 간단하다. 가난한 사람들은 의식 수준이 낮기 때문에 부자가 되는 과정이 어렵고 복잡하다고 생각한다. 그들이 그렇게 생각하는 이유는 주변에 부자들도 없고 자신도 태어나 한 번도 부자가 되어본 적이 없기 때문이다. 사람은 아는 만큼 보는데 부자에 대해 아는 게 없다. 그래서 막막하고 두렵다. 부자가 되기 위해 노력하는 과정에서 오히려 더 힘든 삶을 살게 되지 않을까 불안하다. 뜨거운 가슴은 부자가 되어 경제적 자유인이 되고 싶은 생각으로 가득하다. 그런데 차가운 머리는 '내가 무슨 재주로 부자가 될 수 있을까, 괜히 가진 돈마저 다 날리는 건 아닐까?' 같은 부정적인 생각으로 가득하다. 평생을 가난하게 사는 이유이다.

나는 과거에 부자들을 보면서 폄훼하거나 욕하곤 했다. 부자 부모 도움을 받았거나 운이 좋아서 부자가 되었을 거라고 생각했기 때문이다. 부자들은 나처럼 힘들고 가난한 사람들을 이용해서 부자가 되었다고 믿었다. 잘나가는 연예인들 역시 운이 좋아서 스타가 되었다고 생각했다. 그들이 짧게는 몇 년에서 길게는 몇십 년을 갖은 노력을 하며 그 자리에 섰을 거라고는 생각해보지 않았다. 나의 가난한 의식에서 비롯된 부자들에 대한 시기 질투였다. 부자들과 유명한 연예인들을 욕하는 것이 바닥 같은 인생을 살아가는 나를 위한 합리화였다.

당시 나는 경제적으로 최악의 상황이었다. 신용불량자에 고시원에 살며 2,500원짜리 돼지국밥 하나 사먹는 데 여러 번 고민해야 했을 만큼 힘들었다. 외제차를 타고 값비싼 명품을 가지고 다니는 부자들을 욕하는 순간 속이 후련했다. 그러나 그것도 잠시였다. 내 마음은 더욱 우울해졌고 거지 같았다. 나 스스로 나는 극빈자라고 외치는 것과 같았다. 부자들을 욕해봤자 내 삶은 달라지지 않았다. 그들의 만면에선 행복의 꽃이 피어났지만 내 얼굴에선 걱정과 염려, 우울함으로 가득했다.

나는 가난에서 벗어나기 위해 성경을 수십 번 읽고 우주의 법칙을 연구했다. 그 결과 하나님이 내게 주시는 계시를 느낌과 영감으로 듣는 단계에 도달했다. 하나님의 말씀대로 살자 무스펙에 흙수저, 아둔했던 나는 지혜로운 사람이 되어갔다. 나보다 더 많은 인생을 산 사람들과 명문대를 나온 사람들보다 더 현명하고 똑똑한 사람이 되었다. 하나님은 나를 작가, 코치, 강연가, 컨설턴트, 1인 창업가를 배출하는 천재 코치로 만드셨다. 지금의 나는 영원히 변치 않는 진리를 알고 있다. 과거 가난한 의식 때문에 경제적 자유인이 될 수 없었다는 것이다. 부자들을 폄훼하거나 욕하는 사람은 절대 부자가 될 수 없다. 부자들을 욕하는 이유는 자신은 평생 부자가 될 수 없다고 단정 하기 때문이다. 자신도 노력하면 부자가 될 수 있다고 믿는 사람은 결코 부자들을 욕하지 않는다. 오히려 그들에게 배우려고 노력한다.

부자를 욕하는 어리석은 사람이 되지 말라

나는 부자가 되고 싶다며 조언을 구하는 사람들에게 이렇게 말한다.

"부자가 되고 싶다면 먼저 의식 변화, 내면세계부터 바꾸세요. 가난한 사람의 의식과 내면세계로는 아무리 부자가 되는 원리와 기술을 알려주어도 삶이 크게 나아지지 않습니다. 내면세계를 부자의 것으로 바꾼 후 원리와 기술을 전수받는다면 삶은 빠르게 달라집니다."

부자들에게 어떻게 하면 부자가 될 수 있는지에 대해 물어보면 비슷한 대답을 한다. 가장 많이 하는 말이 생각을 바꾸라는 것이다. "부정적인 생각보다 긍정적인 생각을 하라.", "빈자의 사고에서 부자의 사고를 하라." 사실 이 말이 진리이다. 이 2가지를 실천하지 않고서 부자가 되기 위한 노력을 아무리 기울여봤자 가난에서 벗어날 수 없다. 시간과 에너지만 낭비하게 된다. 가난한 사람들은 쉽고 빠르게 부자가 되는 길을 찾는다. 그 길이 스펙과 학벌을 가지는 것이라고 착각한다. 부자들이 그런 조건의 힘으로 부를 쌓았을 거라고 믿기 때문이다. 정작 부자들의 부의 근원은 의식과 사고라는 것을 모른다.

웨인 다이어와 에스더 힉스가 함께 쓴 『우주는 당신의 느낌을 듣는다』에는 이런 내용이 있다.

"사람들은 한 세대가 태어나고 다른 세대, 또 다른 세대가 태어나는 것으로 삶이 연속된다고 알고 있지만 그건 진정한 삶의 연속이 아니에요. 여러분이 물질의 몸으로 태어나는 것, 대비와 다양성을 탐색하면서 여러분의 관심을 끌고 여러분을 기쁘게 하고 여러분을 놀라게 하고 여러분에게 용기를 불어넣어주는 것들을 발견하는 것, 그리고 여러분이 계속해서 새로운 욕망들을 표출해내는 것, 이것이 진정한 삶의 연속입니다. 그리고 여러분이 관심을 기울이는 것들, 여러분이 표출해낸 욕망들은 여러분이 '비물질'로 다시 돌아가도 멈추지 않습니다."

웨인 다이어와 에스더 힉스는 인생은 새로운 욕망을 생각해내고 그것을 이루어가는 과정의 연속이라고 말한다. 그들의 말에 의하면 지구별에 태어나 부자로 사는 것이야말로 제대로 사는 것이라는 뜻이다.

가난하게 사는 사람들은 욕망 없이 사는 탓에 어제와 다를 바 없는 오늘을 사는 것이다. 욕망은 삶을 제대로 살게 하는 동력이다. 욕망을 가진 자와 그렇지 않은 자의 삶의 수준과 결과는 확연히 다르다. 전자는 큰 인생을 살지만 후자는 현대판 노예로 살다가 생을 마감한다.

정신이라는 기계를 돌리는 힘은 욕망에서 나온다. 욕망을 가지고 그것을 성취해가는 사람이 되어야 한다. 우리는 욕망을 현실로 이루는 과정에서 부와 행복, 지혜와 깨달음을 얻게 된다. 우리가 천국에서 지구별로 내려오기로 결정한 진짜 목적이기도 한다.

부자를 욕하는 어리석은 사람이 되지 말라. 자신의 미래를 욕하는 자가 된다. 부자에 대해 부정적인 생각을 하고 말을 하는 사람은 스스로 부를 밀어내고 있음을 알아차려야 한다. 알아차리지 못하면 스스로 부를 거부하면서도 왜 나는 가난하게 사는지를 반문하는 불행한 인생을 살게 된다.

하나님은 모든 사람에게 공평하게 부와 지혜, 권능을 심어주셨다. 그

것을 깨닫는 일이 가장 중요하다. 지혜로운 자는 이것을 깨달은 자이다. 깨달은 자는 자신의 내면에서 답을 구한다. 모든 금은보화는 내면이라는 보물창고에 있다는 것을 알고 있다.

깨닫지 못한 자는 외부에서 찾으려 애쓴다. 외부는 내면세계가 투영되어 나타난 것임을 알지 못하기 때문이다. 외부에서 찾을수록 진리와 멀어진다. 서로 자신이 전문가라고 자칭하는 사기꾼들에게 속아 시간과 에너지, 돈을 잃게 된다.

나는 그동안 김도사 공식 카페인 '한책협'을 운영하면서 그런 사람들을 수없이 봤다. 가짜 전문가들에게 속아 적게는 1억 원에서 많게는 5억 원을 허무하게 날린 사람들을 보면서 안타까웠다. 하지만 내가 그들에게 해줄 수 있는 것은 없었다. 그들 스스로 내가 알려주는 부의 법칙과 의식 변화의 중요성을 깨닫고 실천하기 전에는 예수도 자신의 병이 고침을 받을 거라는 믿음이 없는 사람은 고쳐주지 않았다. 의식 변화는 내가 대신 해줄 수 없다. 스스로 해내야 하는 것이다.

나는 부자가 되는 데 돈 많은 부모님도, 많은 인맥도, 좋은 학벌이나 스펙도
필요 없다는 사실을 알게 되었다. 돈 버는 방법에 대한 지식과 기술만이 필요할 뿐이다.

– 김도사의 『기적수업』 중에서 –

31

절약은 가난한 인생을
준비하는 과정이다

절약이 인생의 목적이 되어선 안 된다

"당신은 안 먹고, 안 입고 열심히 절약하고 있지 않은가?"

많은 사람들이 젊어서부터 열심히 아끼면 잘 산다고 믿고 있다. 쥐꼬리만 한 월급을 받아 처절할 정도로 아껴서 저축한다. 지인들에게 바늘로 찔러도 피 한 방울 안 나올 사람이라는 말까지 듣는다. 그러나 그런 소리에도 아랑곳하지 않는다. 오로지 아끼고 또 아껴야 부자가 될 수 있다고 생각하기 때문이다. 수십 년을 키워주는 연로하신 부모님에게 조금만 더 기다려달라고 하면서 제대로 용돈 한 번 드리지 않는다.

과연 그렇게 절약만 해서 부자가 될 수 있을까? 물론 절약은 좋은 것이다. 아끼는 것에 대해 뭐라고 나무랄 생각은 없다. 지나치게 사치하는 것보다는 훨씬 칭찬받아 마땅하다. 그러나 절약을 하는 목적을 생각해보자. 그 목적이 잘살고 부자가 되는 것이라면 분명 잘못된 길로 가고 있다.

절약을 하는 대부분의 사람은 수입은 한정되어 있다는 생각, 앞으로도 수입은 더 늘어나지 않을 거라는 생각을 가지고 있다. 그래서 방어적인 태도로 삶을 사는 것이다. 더 버는 것은 불가능하지만 절약하는 것은 가능하다고 믿기 때문이다. 절약만 하는 인생은 절대 부자가 되지 못한다. 부자는커녕 평생을 노예처럼 일만 하면서 인간다운 문화생활도 누리지 못한 채 생을 마감한다.

절약은 가난한 인생을 준비하는 과정이다. 부유한 인생을 원한다면 절약하는 습관을 가지기보다 더 버는 습관을 가져야 한다. 300만 원의 월급을 받는 직장인이 절약해봤자 얼마를 절약할 수 있을까?

짠순이, 짠돌이처럼 아껴서 한 달에 50만 원을 저축한다고 가정해보자. 1년 동안 600만 원을 모을 수 있고, 10년을 모아봤자 6,000만 원이다. 이 금액으로 무얼 할 수 있겠는가? 보통 아파트 한 채도 사지 못한다.

무엇보다 중요한 것은 절약하는 과정에서 자기 자신을 계발할 수 있는 기회와 다양한 경험을 하고, 많은 사람들을 만날 수 있는 기회 등을 날려 버렸다는 것이다. 6,000만 원을 아끼느라 많은 기회비용을 잃어버린 것이다. 절약을 미덕으로 아는 사람들은 가장 가치가 높은 것이 기회비용이라는 점을 인식하지 못한다.

네빌 고다드는 『상상의 힘』에서 이렇게 말한다.

"인생의 목적을 가지는 것이 중요합니다. 목적이 없는 삶은 우리를 방황하게 만듭니다. '내게 원하는 바가 무엇이냐?'는 질문은 복음서의 주인공인 예수 그리스도가 가장 많이 던진 질문입니다. 여러분의 목적을 뚜렷하게 만들 때, 여러분은 그것을 원해야만 합니다."

절약이 인생의 목적이 되어선 안 된다. 인생의 목적은 충만한 느낌과 감정이 들게 하는 것이어야 한다. '더 이상 돈 때문에 고통받지 않는 경제적 자유인 되기.' 이런 목적은 행복감이 들게 한다. 나 자신이 진정으로 원하는 것을 목적으로 삼아야 한다.

경제적 자유인이 되면 자유로운 삶을 살 수 있다. 경제적 상황에 구애받지 않고 원하는 것을 살 수 있고, 하고 싶은 일을 마음대로 할 수 있다.

어려움을 겪고 있는 사람들을 아무런 보상 없이 도와줄 수도 있고, 내가 좋아하는 사람들과 좋아하는 장소에서 좋아하는 일을 할 수 있다. 이 과정에서 기쁨과 행복을 느낄 수 있다.

가난한 사람은 가난해질 수밖에 없는 의식을 가지고 있다

부끄러운 고백이지만 나 역시 과거에 절약에 목숨을 걸다시피 한 적이 있었다. 내 인생에서 가장 힘들었던 시절이었다. 나는 앞으로도 현재처럼 힘들게 살 거라고 예단했다. 무스펙에 흙수저인 나는 월수입 200만 원도 못 벌 것이라고 생각했다.

이런 내가 할 수 있는 방법은 단 하나! 아끼고 아끼는 것이었다. 옷은 1~2만 원대의 최저가 옷을 사 입었고 책도 중고책 위주로 구입했다. 친구들을 만나면 얻어먹기를 좋아했고 월급을 많이 받는 친구가 밥 사고 술을 사는 것을 당연시했다.

그런데 그렇게 찌질한 행동을 할수록 내 인생은 더욱 꼬이기만 했다. 줄곧 얻어먹는 입장이다 보니 친구들에게 당당해질 수도 없었다. 내 마음은 온통 부정적 생각과 패배의식으로 가득했다.

지금 생각해보면 당시의 나는 가난으로 가는 과정에 있었다는 것을 알수 있다. 다행히도 나는 의식을 바꾸면 삶이 달라진다는 것을 알게 되었다. 가난한 의식을 부자의 의식으로 변화시키면 외부 현실은 자연스레 그것에 맞게 변화되기 때문이다.

가난한 사람들은 가난해질 수밖에 없는 의식을 가지고 있다. 물건을 사거나 교육을 들을 때 가치를 따지기보다는 금액을 따진다. 명품은 장인정신으로 제작되고 가치가 높기 때문에 보통 직장인들의 연봉보다 높다. 수십 년의 경험으로 다져진 내공을 가진 고수에게 받는 코칭료 역시 보통 사람의 연봉보다 높다.

그럼에도 그들은 끊임없이 더 싸고 좋은 것을 찾는다. 그러면서 계속 여기저기 돌아다닌다. 경쟁력이 없고 가치가 낮기 때문에 싸다는 것을 모른다. 금액이 싸다는 생각에 물건을 사고, 교육을 받는다. 그러나 싼 것은 비지떡이다. 그 과정에서 사기도 당하는 일도 일어난다. 싸게 산 물건은 얼마 못 가 망가져 못 쓰게 된다.

실력이 없는 코치에게 교육과정을 들어서 비용은 많이 아꼈을지 모르지만 결과는 나오지 않는다. 처음에는 자신의 능력이 부족해서 결과가 나오지 않았다는 생각에 다른 코치들에게 비용을 주고 수강하지만 이내

하수 코치들에게 돈만 잃고 '사기'당했다는 것을 알게 된다.

결과적으로 돈과 시간, 에너지 모두 잃게 된다. 가장 중요한 기회비용마저 날려버렸다. 얼마 후 진짜 실력을 가진 독보적인 고수 코치를 알게되지만 엉뚱한 곳에 돈을 허비하는 바람에 도움을 받지 못하게 된다. 가치보다 금액을 따지는 사람들은 거의 다 이런 과정을 겪으며 소중한 자신의 인생을 망치고 있다.

당신은 유일신 하나님의 자녀로서 부유하게 살아야 한다

나는 24년 동안 250권의 책을 쓰고 1인 창업을 통해 150억 원의 자산을 이루면서 누구든 빠르게 부자가 되는 방법을 터득하게 되었다. 나에게 있어 작가가 되는 방법은 너무나 쉬운 일이다. 부자가 되기 위해 평범한 나를 퍼스널 브랜딩하는 것은 기본이기 때문이다.

나의 의식은 책 쓰는 법을 초월하여 돈 버는 법에 가 있다. 그래서 누구든 나를 찾아오면 빠르게 삶이 개선되고 경제적 자유인이 될 수 있다.

다음은 내가 생각하는 빠르게 부자가 되는 방법이다.

첫째, 자신이 하고자 하는 그 분야의 최고의 전문가에게 배울 것

둘째, 내 이름으로 된 책을 펴내 퍼스널 브랜딩할 것

셋째, 책에 담긴 지식과 경험, 원리와 기술, 해결책으로 1인 창업 시스템을 구축할 것

넷째, 온라인 마케팅하는 방법을 배울 것

다섯째, 유튜브 채널 개설하여 1인 크리에이터로 활동할 것

이 5가지 방법을 그대로 실천하면 된다. 나는 이 방법으로 그동안 수많은 사람을 성공시켰고 그들을 경제적 자유인으로 만들어주었다.

물론 이 5가지 방법은 개괄적인 것이다. 알아야 할 것들이 더 많지만 그 부분은 내가 운영하는 김도사 공식홈페이지 '한책협'에 가입하면 도움을 받을 수 있다. 현재 많은 사람들이 정식으로 수강료를 내고 책 쓰는 법과 1인 창업 하는 법에 대해 배우고 있다.

성경에 보면 "너희는 값으로 사신 것이니 사람들의 종이 되지 말라"(고전 7:23)라는 말이 있다. 예수께서는 신성모독죄로 십자가형에 처해졌지만 원하지 않을 경우 피할 수도 있었다. 그에게는 그런 권능이 있었기 때문이다. 그러나 그는 온 인류에게 고차원적인 의식을 가지면 육신은 절대 썩지 않는다는 것을 보여주기 위해 자처해서 십자가형을 받았다. 예

수께서 자신의 목숨을 버리고 우리에게 보여주신 그리스도 의식은 너무 나 값진 것이다. 세상 그 무엇으로도 가치를 따질 수 없다.

그런데 당신이 사람들의 종이 되어 하기 싫은 일을 억지로 하며 비난 을 받고 고통 속에 산다면 예수께서 목숨 바쳐 증거하신 그 모든 일이 가 치 없는 것이 되고 만다. 당신은 유일신 하나님의 자녀로서 부유하게 살 아야 한다. 그물에 걸리지 않는 바람처럼 자유로운 존재로 행복 그 자체 가 되어야 한다. 그렇게 사는 것이 신의 자녀인 당신의 의무이다.

사람들 가운데 대다수가 살아 있으면서 죽어 있다. 자신에게 무한한 자원이 있음에도 그것을 알지 못한다. 그래서 누군가 만들어놓은 조직이 라는 시스템 안에서 현대판 노예로 살고 있다. 그런 사람들은 살아 있지 만 죽은 사람과 다르지 않다. 자기 스스로를 구할 생각을 하지 않는 사람 은 남을 이롭게 하는 사람이다. 남을 이롭게 하는 사람은 자기 자신을 작 게 만드는 사람이다. 작은 사람은 작은 생각만 하게 된다.

성경에 이런 문구가 있다.

"어떤 사람은 모든 것을 먹을 만한 믿음이 있고 믿음이 연약한 자는 채 소만 먹느니라"(롬 14:2).

어리석게 절약만 해선 안 된다. 절약을 미덕으로 여기는 사람은 성경에 나오는 연약한 자에 해당한다. 평생을 채소만 먹으며 가난하게 살게 된다. 넓은 마당을 두고 좁은 꽃밭을 가꾸는 사람이 되어선 안 된다. 자신의 능력을 최대치로 높여 더 벌 수 있는 생각을 해야 한다.

세상에 차고 넘치는 것이 돈이다. 돈이 당신에게로 거쳐가게 하라. 당신은 스스로 '나는 하나님의 자녀로서 경제적 자유인으로 살아갈 의무와 권리가 있다'는 것을 깨달아야 한다. 깨닫는 순간, 온 우주는 당신을 돕기 위해 분주히 움직이기 시작한다.

열심히 일하고 차곡차곡 저축하면 부자가 된다고? 웃기지 말라고 해!
이런 케케묵은 충고는 지긋지긋하다. 이제 고리타분한 충고는 거부하라!

– 김도사의 『기적수업』 중에서 –

"나는 성공을 바란다."라고 말하지 마라.

"나는 성공했다."라고 말하라.

"나는 성공하고 있다."라고 말하라.

– 김도사의 『기적수업』 중에서